できる人の英語勉強法

完全保存版

東進ハイスクール講師
安河内哲也

はじめに

みなさん、こんにちは。英語講師の安河内哲也です。
学生や社会人に英語を教えています。

というと「外国育ちなの？」と質問されることも多いのですが、私は日本の公立小学校、公立中学校、公立高校で勉強しました。おまけに浪人までしてしまいました。海外の大学に留学して勉強することもできませんでした。
今では、英語を使って楽しく仕事をしていますが、英語を習得するまでの道のりでは、さんざん失敗や成功を繰り返してきました。

この本のなかには、そんな私の体験から得た、英語学習成功の秘訣がギュッと凝縮されています。みなさんに遠まわりはさせません。

本書でまとめた勉強法は、私ひとりでつくったものではなく、多くの英語教育の先人達の知恵があったからこそ、つくり上げることができたものです。また、これまで教えてきた、たくさんの生徒たちの努力も、本書で紹介した方法論のベースとなっています。

みなさまに深く感謝したいと思います。

2020年にはオリンピックが東京にやってきます。世界からのお客さまを「おもてなし」する言語は、もちろん英語です。それまでにひとりでも多くの人を英語好きに変え、そして英語を使えるようにするのが私のミッションです。

これまで、いろいろな甘い文句に誘われて、いろいろやってみたものの、英語学習がうまくいかなかった人も多いと思います。今こそ、悪循環を絶ちましょう。

この本に書いていることは、現在英語を使って仕事をしている人たちが実際にやってきた方法です。それを私なりに効率がよいものに磨き上げました。私の体を使った人体実験や、20年以上に及ぶ、教室の臨床試験でも大成功をおさめています。効果は完全に実証済みです。

深く考える必要はありません。英語の学習で大切なことはこのふたつです。

一、はじめること。

二、つづけること。

後は本書で示す方法で学べば、みなさんは数年後には英語の達人です。

2014年3月

安河内　哲也

CONTENTS

はじめに……2

CHAPTER 1

英語は体を使って勉強しなさい

01 英語は「学問」ではなく、「技術」である……16
02 「反射力」「動作力」を鍛えれば、英語力は格段にアップする……20
03 音読によって、「反射力」「動作力」が鍛えられていく……25
04 音読の基本練習を着実にやろう……29
05 音読の基礎練習ができたら暗誦や「プレゼン」にも挑戦……33

06 英文法は、英語を短期間で習得できる「最強のツール」……36
07 文法は、中学〜高1のレベルを勉強すればよい……39
08 文法ルールを「自動化」するとスラスラと話せるようになる……42
09 ４つの技能は有機的につながっている……46

CHAPTER

2

リスニング

英語の「聞く力」をアップする

01 「精聴」によって、音と文字を一致させていく……50
02 「ディクテーション」で英語の耳に改造する……56
03 ディクテーション後の音読で、正しい英語の「音」を刷り込む……64
04 教材は「せまく、濃く」使う……68
05 発音記号の習得は、リスニング力アップの近道になる……73

06 2週間で発音記号を習得してリスニングの弱点を克服しよう……76
07 カタカナ英語の正しい発音を学んで耳を矯正しよう……79
08 英語はスペリング通りに発音されるわけではない……83
09 英語独特の音の「つながり」や「変化」を理解する……88
10 単語には弱く、速く読まれる「弱形」がある……95
11 体を動かして、イントネーションの波長を体得する……99
12 聞き取れない理由には、ボキャブラリー不足もある……101

CHAPTER

3

スピーキング

英語の「話す力」をアップする

01 「ネイティブスピーカー幻想」を捨てる……106
02 日本人が話す英語は「シンプルパターン」がいい……111

03 日常会話に必要なシンプルパターンは、100~200……115
04 自分のための「頻出」シンプルパターンをストックしよう……118
05 シンプルパターンは覚えたそばから使っていく……123
06 「外国人なんだから、間違って当然」と開き直る……125
07 ジャパニーズイングリッシュのほうが、海外では人気者になれる!?……128
08 間違ってムッとするような外国人は、こちらから相手にしない……131
09 英語っぽい発音は、腹式呼吸の大きな声から生まれる……134
10 英語は「宇宙の音」と思って、とことんまねる……136
11 少し気をつけるだけで、ぐんと通じやすくなる発音のポイント……142
12 英語のイントネーションを身につけると通じやすくなる……145
13 「理由・具体例・反論→結論」で論理的に話す……149
14 テスト好きな性格を利用して会話力を身につけよう……152

CHAPTER

4

英語の「読む力」をアップする

リーディング

01 英語は日本語に訳さずに読む……160
02 英語はうしろから前に戻って読まない……165
03 音読することで「訳さない」「戻らない」の習慣がつく……168
04 「即時理解」をしない音読では、結果は出ない……171
05 リーディング教材は、語句注のあるものを選ぶ……175
06 自分が「面白い！」と思う教材を選ぶ……177
07 日本語を読む裏技で英文を読む楽しみを経験……181
08 100を飛ばし読みするより、10を徹底的に読み込む……183
09 そして多読教材として小説を書いてしまった……186
10 私が利用している教材を公開します！……190

CHAPTER

5

ライティング

英語の「書く力」をアップする

01 まずは日本語をとことん単純化する……200
02 英語のシンプルパターンで「伝えたいこと」を書く……202
03 高校1年までの日本語力・英語力で英語は書ける！……204
04 英語の資格試験は、語彙力増強のチャンスになる……210
05 日々の生活のなかで語彙を増やす方法……213
06 英文を書いて発信することで書く力はついていく……215
07 お金を払ってでも「添削→確認→矯正」を習慣にする……220
08 エッセーは、骨格を決めれば書ける……223
09 自分のことや日本を紹介する英文を書いて、ライティング力をつける……229

CHAPTER

6

単語や熟語を「忘れない記憶」にするための暗記術

01 単語はネットワーク化して覚える……236
02 単語カードを3つの山に分けて、繰り返し覚える……241
03 パソコンやスマートフォンを単語学習に利用できる時代に……247
04 「熟語の達人」になるには、英文法の型を意識して覚えること……251
05 例文のストーリーをイメージすると、単語・熟語が忘れにくくなる……254
06 覚える手段・場所を変えて10回は繰り返す……257
07 「ペースメーカー」をつくって、繰り返しを三日坊主にしない……259

CHAPTER

7

いつでもどこでも勉強ができる「英語教材」の使い方

01 映画・ドラマ
――レベルに合ったものを選ばなければ効果なし……262

02 洋楽カラオケ
――効果的なトレーニング法のオンパレード……271

03 ITツール
――便利なITツールを英語学習に活用……276

04 インターネット
――スマホやタブレット向けのサービスも増え、利用の幅が広がる……284

05
パソコンソフト
——ディクテーション教材が充実している……292

06
NHKの語学講座
——ひとつの講座をテキストを暗記するまで勉強する……294

07
英会話スクール
——「もとを取ってやる」の発想で主体的に活用する……296

08
オンライン英会話
——初心者でも、気軽に英語で話す習慣をつくれる……298

09
外国人を招待してのホームパーティー
——英語版ボードゲームで英会話も弾む！……300

［私の英語ストーリー］
私が英語を話せるようになるまで……303

おわりに……330

本文デザイン・図版
高橋明香（おかっぱ制作所）

CHAPTER1

英語は
体を使って
勉強しなさい

SECTION

01

英語は「学問」ではなく、「技術」である

「英語の四角形」のバランスがよいほど、英語は使いこなせる

英語力には、リスニング、スピーキング、リーディング、ライティングの4つの技能があります。**ひと言でいうと、英語ができる人とは、これら4つの技能のバランスがよい人です。**リスニングがいくら得意でも、スピーキングができないとダメです。相手の言っていることはわかるけれど、自分が話せないというのでは、コミュニケーションは成り立ちませんから。Eメールだって、読めるけれど返事が書けない、というのでは仕事はできません。

さて、これら4つの技能を頂点とする四角形を、トータルな英語力としましょう。いってみれば「英語の四角形」です。多くの日本人の場合、この英語の四角形がアンバランスです。

日本人は、一般的に、リーディングの得意な人が多いようです。リスニングやライ

あなたの「英語の四角形」のバランスは……？

［ 一般的な日本人の場合 ］

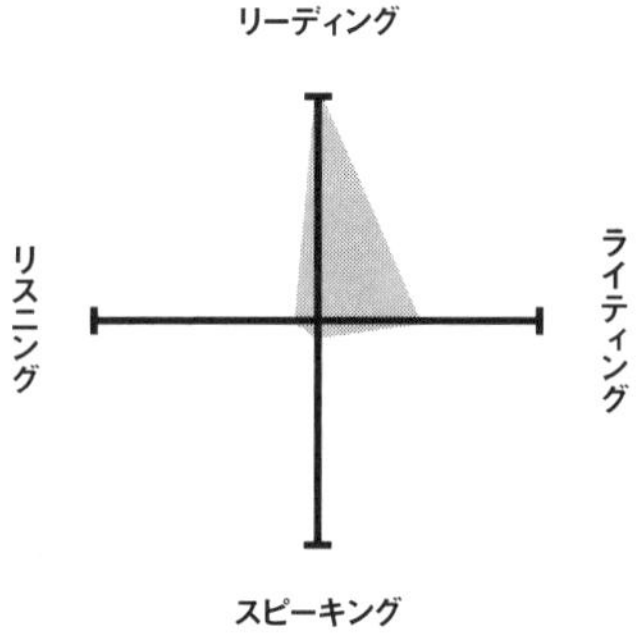

［ 日本人以外のノンネイティブの場合 ］

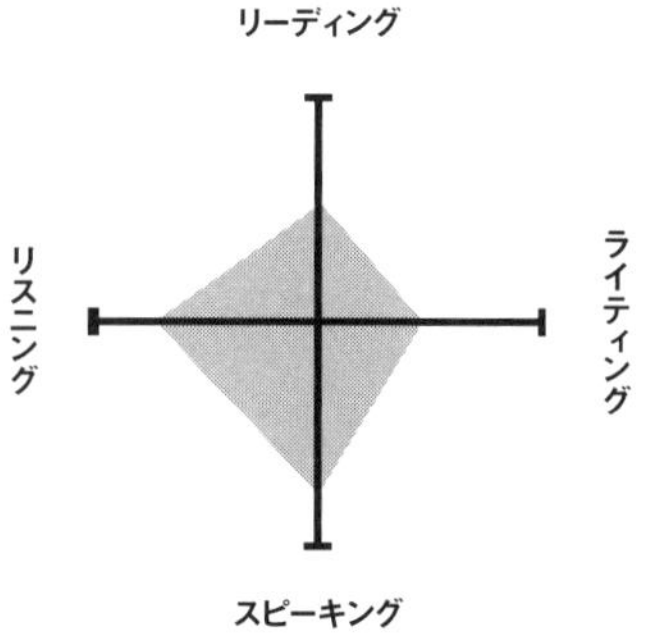

ティングの力はあまり高くありません。スピーキング力に関しては極めて低いのが実情です。

英語の四角形は、バランスが大切です。そして、面積が大きいほど、英語を使いこなせるということになります。

ところが、残念ながら日本人の大多数はリーディングに偏っていて、形がアンバランスです。その結果、面積もかなり小さくなっています。

非英語圏の外国人の場合はどうでしょう。たとえば、私が大学2年生のときに一念発起して敢行《かんこう》したアメリカ横断旅行では、さまざまな国から来た外国人たちと出会いました。

それらの外国人たちは、4つの技能のひ

とつひとつは突出してはいませんでした。ところが、4つの技能のバランスがとてもよいのです。

単語もそんなに知らないし、文法もメチャクチャだけれども、とりあえず、英語を聞くこと、話すこと、読むこと、書くことができるのです。

その結果、**トータルで見れば私よりもはるかに高い英語力を持っていました。**そして、英語を使って積極的に交流できていました。

英語の勉強は、「国語・数学・理科・社会」とは違う

言語能力の中心は、人とコミュニケーションができる力です。そして、コミュニケーションの基本のひとつは会話であり、リスニング力とスピーキング力はリーディング力やライティング力と同様に不可欠です。

日本人の英語には、このリスニング力とスピーキング力が大きく欠けているように思えます。そのため、英語での会話を苦手とする人が多いのです。

これは、日本人が英語という科目そのものを誤解してとらえていることに大きな原因があると私は考えています。つまり、日本人の多くは、英語を国語や数学、理科、社会といった「勉強」と同じものとしてとらえているのです。そのため、知識や理論

を増やしていけば英語をマスターできると考えている人が少なくありません。

しかし、その考え方は違うと思います。

英語はそれ自体を研究する「学問」ではありません。体を使う「スポーツ」や「音楽」のようなものです。もっとわかりやすくいえば、**英語は知識ではなく、「技術」なのです。**

英語を学問だと思っているかぎり、一生、英語が話せるようにはなりません。英語を使えるようになるには、知識を増やすことに加えて、英語を使うための「反射力」や「動作力」を鍛えていかなければならないのです。

英語をマスターしようと格闘中の方々は、まずそのことをしっかりと頭にたたき込んでください。

ACTION!

英語は勉強ではなくて技術。
磨き上げて使いこなそう

SECTION

02

「反射力」「動作力」を鍛えれば、英語力は格段にアップする

「反射力」と「動作力」を磨くことが最重要

日本人の多くが、英語を国語や数学、理科、社会といった「勉強」と同じものとしてとらえてしまっている背景には、昔ながらの日本の英語教育があると思います。

中学、高校、ヘタをすれば大学にいたるまで、英語の授業では、知識や理論を中心に教えています。そして、知識や理論の量が多ければ多いほど、「英語ができる人」と評価されます。実際の場面で英語が使えるかどうかは二の次なのです。

さらに、そうした授業と評価にどっぷり漬かってきた人は、社会人になってもその習慣を変えることができません。必要に迫られ、英語の勉強を再スタートしたときにも、あいかわらず知識や理論を増やすことにばかり集中してしまいがちです。

しかし、これではいつまでたっても英語を使えるようになりません。英語などの言

なぜ、英語が使えないのか?

[一般的な日本人の場合]

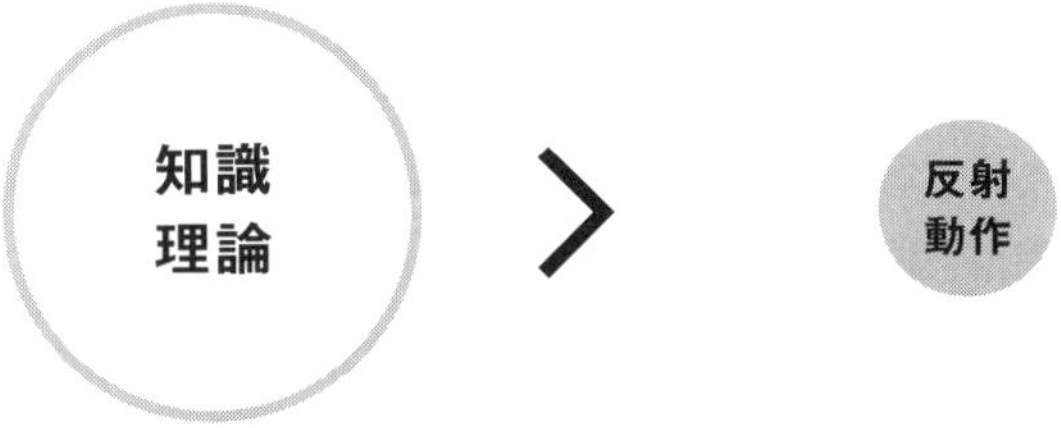

英語をかなり「わかっている」「知っている」けど、
まったく「使えない」

[日本人以外のノンネイティブの場合]

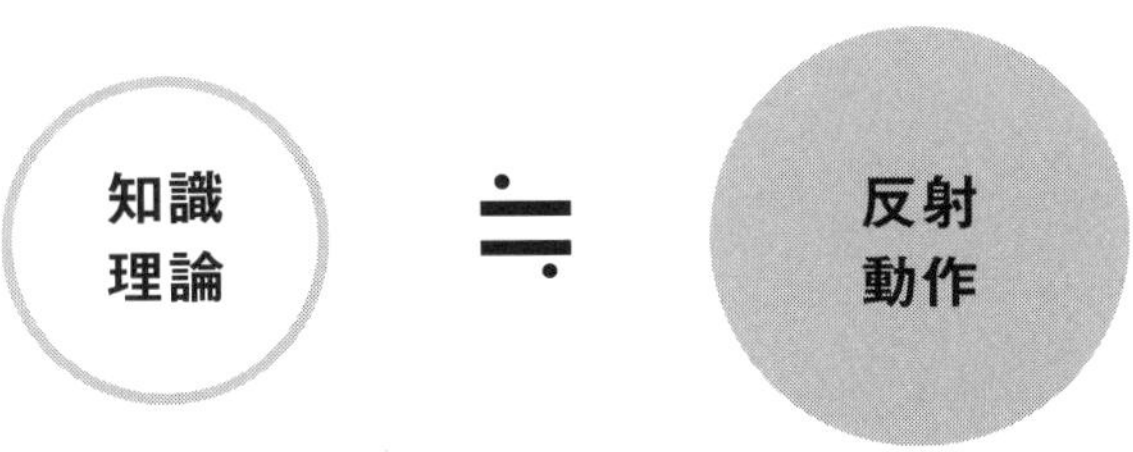

英語をそこそこ「わかっている」「知っている」。
そして、そこそこ「使える」

語は、その場で使いこなせてナンボのものです。知識や理論をどれほど持っていようと、実際の会話で使えなければ、「言語能力が高い」とはいえません。

実際の会話の場面で英語を話せるようになるには、**「反射力」と「動作力」が絶対に必要です。**

たとえば、会議で、英語で“What is the advantage of introducing your product?”（御社の新製品を導入する利点は何ですか）と尋ねられる場面を想像してください。このとき、頭のなかで「『生産性』って英語で何て言うんだろう?」とか「『社内での省電力化を促進する』ってどういう文章にすればいいんだろう?」なんて考えているヒマはありません。即座に反応する必要があります。

頭のなかにストックされている知識から必要なものをピックアップする反射力と、それを言葉として発していく動作力とが求められるのです。

つまり知識を「自動化」しなくてはなりません。

そのことに多くの日本人が気づかないままでいます。そのため、英語を学ぶ際、反射力や動作力を鍛えるという発想が持てないでいるのです。

英語力は「知識・理論」×「反射力・動作力」で決まる

知識・理論 1000 × 反射力・動作力 0 ＝ 0 の英語力

知識・理論 5 × 反射力・動作力 5 ＝ 25 の英語力

反射力・動作力がゼロなら、いくら知識・理論があってもダメ！

私は、**トータルの英語力とは、「知識・理論」×「反射力・動作力」**で決まると考えています。

それに当てはめると、英語の知識・理論がたとえ「1000」あったとしても、反射力・動作力が「0」では、「1000×0＝0」。トータルの英語力はゼロになってしまいます。

一方、知識・理論がたとえ「5」であっても、反射力・動作力が「5」であれば、「5×5＝25」となり、トータルでの英語力はこちらのほうがはるかに高くなります。

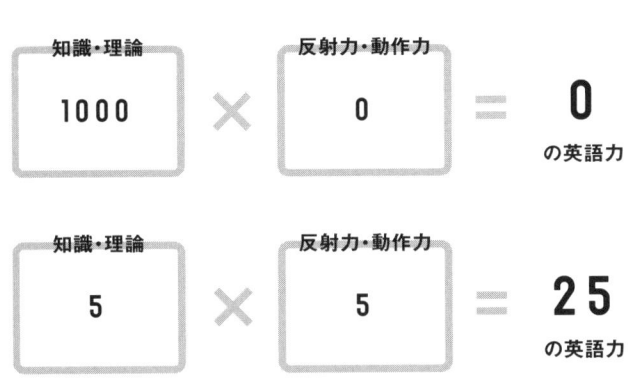

日本人の場合、伝統的な英語教育のせいか、知識・理論が「1000」で反射力・動作力が「0」の人が少なくありません。「こんなに頑張っているのに、何で私は英語がしゃべれないのだろう」「TOEICで高得点なのに、何で英語が話せないんだろう」と悩む人は、まさにこのタイプかもしれません。

向いている方向が間違っているのです。知識が1000、2000……と増えていっても、反射力・動作力がゼロであるかぎり、英語は一向に使えるようにはなりません。

もし、反射力・動作力が1、2……と鍛えられていけば、知識・理論の量はかなりのレベルに達しているのですから、英語力は一気にアップします。

ACTION!

英語の反射力・動作力を少し伸ばすだけで、トータルの英語力はぐんと伸びる!

SECTION

03

音読によって、「反射力」「動作力」が鍛えられていく

口を使って練習しなければ、英語は上達しない

では、英語を話すための反射力や動作力を鍛えるにはどうすればよいのでしょうか。答えはPracticeあるのみ。**学んだ英語の知識を自動化するためには、繰り返し練習するしかありません。**

たとえば、野球などのスポーツや、ピアノなどの芸事は、知識や理論をいくら知っていても上達しません。また、ただ目で見ているだけでも、聞いているだけでもうまくはなりません。

長嶋茂雄さんの講演会を聞いて野球がうまくなれますか？　天才ピアニストの話を聞いて、ピアノが上手に弾けるようになれますか？　なれません。名プレーヤーや名監督の話を聞くことは非常にいい経験です。しかし、あくまでもそれはプレーをする

ためのコツをつかむため。その後に、何度も体を使って練習しなければ、せっかく聞いたコツも単なる知識で終わってしまいます。

英語もこれと同じです。"Practice makes perfect."。

毎日、時間を見つけて、ひたすら練習しましょう。

4つの技能すべてについて、「音読」を学習の中心に据《す》える

では、具体的にどんな練習をしたらいいのでしょうか。

私が勧める練習法はズバリ「音読」です。つまり、英文を正しく声に出して何十回も読む練習です。

もちろん、デタラメに読むのではなく、ネイティブスピーカーのモデルを参考にしながらです。

なお、一般的に音読が意味するのは、「本を開いて文を読む」ことですが、ただ読むだけでは効果はありません。やり方が大切です。

私は、ネイティブスピーカーの音声を聴いた後に繰り返して音読する「リピーティング」や、音声を聴きながら一緒に音読する「オーバーラッピング」、そして音声の

一拍ほど後からついて音読する「シャドーイング」などの「複写練習」を重要視します。ネイティブスピーカーの音声を模写し、発音を矯正したり、さらには暗誦も行います（具体的な練習法は各章で紹介していきます）。

こうした音読練習では、舌や口を動かします。自分の声を聞くので、耳を刺激します。文字を読むため、目もしっかり働かせることになります。このように**音読は、体のいろいろな場所を動かす全身運動**でもあるのです。その結果、運動能力が発達し、英語の反射力や動作力が鍛えられていきます。

私の英語勉強法では、リスニング、スピーキング、リーディング、ライティングのトレーニングで使う教材のすべてを音読します。しかも1回や2回ではありません。同じ英文を何十回となく音読します。さすがにこれだけやれば、音読した英文は体に染み込み、自分のものになります。

実際、英語の達人たちに話を聞くと、多くの人々が「『音読』を学習の中心に据えた」と答えます。私自身も音読に出合って英語の力が驚くほどアップしたという経験の持ち主です。音読を徹底的に行ったことで、さまざまな英語の試験に合格することができ、ＴＯＥＩＣやＴＯＥＦＬのスコアを大幅に上げることができました。また、英語でプレゼンする能力や英会話の力も、格段にアップしました。

英語学習にあれこれ迷っている人は、まずは「音読」を取り入れることからはじめましょう。

ACTION!

1日20秒でもいいから音読をすることが英語力アップへの近道

SECTION

04

音読の基本練習を着実にやろう

意味を理解し、音声モデルのまねをして発音するのが鉄則

私はよく、生徒のみなさんに「英語は机で勉強するな」とアドバイスします。これは絶対に机で勉強するなということではなく、100%の時間、机で勉強する習慣を改めよ、という意味です。

少なくとも、**英語学習の50%は「音読訓練」にあてる**ようにしてください。そうすれば、あなたの英語学習のバランスはとてもよくなるでしょう。

ただし、正しい方法で音読練習を行うことが大前提です。安河内流の音読練習のやり方を紹介しますので、これを英語学習の土台としてください。

まず、音読をする際に心がけていただきたいのはこの2点です。

①意味を理解しながら読む
②ネイティブの音声モデルに近づくように発音の矯正をしっかりやる

・棒読みやネイティブの音声を無視したデタラメな読み方はしないでください

・文の意味や構造をまったく理解しないで、音だけをまねる音読もダメです

音読練習をする前に、その文の形を理解し、単語や熟語もチェックしておいてください。英語の反射力、動作力をつけ、ひいては英語知識の自動化という目標を達成するためには、この2点を守った音読をしてください。

音読練習第一段階　リピーティング

センテンスごとにリピーティングをしよう

では、基本的な音読練習からはじめましょう。

ネイティブスピーカーによる音声素材とその英文スクリプト（台本）を用意しましょう。英語教材は、リスニング用を中心に、さまざまな種類の音声つき英文テキス

トがありますし、最近では、音読練習用の教材も出ています。

テキストを見ながら音声を聞き、1センテンスごとにまねして音読しましょう。これを「リピーティング」といいます。最初は全体で3、4センテンス、慣れてきたら1パラグラフ程度の量を一文ずつリピーティングしていきます。

なお、**文の意味を理解して読むことが大事**ですので、リピーティングをはじめる前に練習する英文の形をよく確認してください。知らない単語の意味もチェックします。そのためには語句や文法の詳しい注釈がついた教材を使うとよいですね。

意味を理解したら1センテンスごとに音声を聞いてリピーティングしましょう。音読するときは、ネイティブの音声をできるだけまねしてください。模写をすることでどの単語がどのような音になるのか少しずつ学び取ることができます。

また、文の意味を伝えようと気持ちを込めて読むことも忘れずに。うまく読めるようになるまで何度も音声を聞いて、繰り返し練習してみてください。

音読練習第二段階 リテンション

音声だけを聞いて、一文ずつリピートしよう

第一段階の音読練習が終わったら、次はテキストを見ずにネイティブの音声だけ

を聞いて、1センテンスごとにリピートします。

この練習法は「リテンション」と呼ばれ、通訳を目指す人のトレーニング法としても知られています。

やってみると結構難しいことに気がつくはずです。テキストを見ないと、わかっていたつもりの英語の発音が繰り返せなかったりします。これもできるまで繰り返し練習しましょう。

リテンションがきちんとできるためには、発音も文法構造も、英単語の並び方も単語の使われ方も理解しなくてはなりません。リスニングや発音だけでなく、語彙《ごい》力や文法力を身につけるのにも役に立ちます。


ACTION!

さまざまな音読に挑戦してオールマイティーな英語力をつけよう

SECTION

05

音読の基礎練習ができたら暗誦や「プレゼン」にも挑戦

一文ずつ暗誦していく音読「リード&ルックアップ」

リピーティング練習をしっかり行って、内容を理解し、きちんと発音できるようになったら（これが大前提です）、次に暗誦にも挑戦です。テキストを見て、一文ずつ英文を覚えていきましょう。次にテキストを見ずに上を向いて、暗誦します。最初はフレーズごとでもいいです。

この「リード&ルックアップ」という練習法は、ライティングやスピーキングの訓練としても優れています。暗誦する際には正しい文を正しい文法、正しい発音で言わなくてはなりません。練習を繰り返していけば、数多くの正しい英文を暗記していくことになります。それらすべてを覚えていることはできなくても、いくつかは頭に残ります。**頭のなかに正しい英文が増えていけば、当然、話すときや書くときに使える**

英文が増えて表現力が豊かになっていきます。

ベリー・ショート・プレゼンテーションをやってみよう

リード&ルックアップの発展版として、1センテンスをプレゼンテーションのように身振り手振りも加えて発話しようというのが、「ベリー・ショート・プレゼンテーション」です。

たったの1センテンスですがプレゼンテーションです。もちろん、たくさんの文でやるのも大歓迎です。

音読練習に使っている素材でもいいですが、私のお勧めは名言。好きな英文の名言をピックアップして、内容も構文も単語も理解し、そして発音の練習もして完ぺきに覚えたら、**自分の言葉として気持ちを込めて、プレゼンテーションしましょう。**

たとえば

“If you don’t conquer self, you will be conquered by self.”

ACTION!

「名言プレゼンテーション」で英語の達人気分を味わうべし

「自分に打ち克つことができない者は、自分に負けるだろう」

（ナポレオン・ヒル／アメリカ）

といった文章を何度も練習して、かっこよくプレゼンテーションしてください。

英語の勉強仲間数人でやってみましょう。盛り上がること請け合いです。

ベリー・ショートではありますが、プレゼンはプレゼンです。目の前に聴衆がいるかのように想像しながら、「ＴＥＤ」（アメリカで年１回開かれるプレゼンテーションのカンファレンス）に出演しているような気分で、気持ちを込めて、ときにはジェスチャーも交えて言いましょう。

SECTION

06

英文法は、英語を短期間で習得できる「最強のツール」

「英語漬け」の生活だけで、話せるようになるのか？

日本人が英語を使いこなせるようになるには、反射力と動作力を鍛えることが急務だと先述しました。しかし、それは決して知識や理論を勉強しなくてもよいといっているわけではありません。

最近の風潮として、これまでの日本の英語教育を完全否定する傾向があります。その中心的な主張は、「文法を一切教えず、生の英語にどっぷり漬からせることで英語力がつく」というものです。しかし、それが可能なのはやわらかい脳を持つ子どものうちだけではないでしょうか？　しかも、「1日中、英語漬けの生活を何年もつづけたならば」という条件つきです。

そもそも、みなさんが日本語をある程度話せるレベルにまで達したのは、何歳くらいでしたか？　3歳や5歳のとき、大人とスラスラ会話ができましたか？　小学校に入学したあたりで、ようやく会話らしい会話ができるようになったのではないでしょうか。おそらく、きちんとした日本語が話せるようになったのは、中学生くらいになってからだと思います。

このように、**母国語を身につけるのにもかなりの時間を要しているのです。**英語漬けの環境で英語をマスターしようとするのなら、それと同じくらい、いえ、それ以上の時間がかかって当然です。

3年以上アメリカに住んでも、英語を話せない人はいる

また、その言語に毎日触れていれば自然と習得ができるというのは、17歳くらいまでといわれています。それも前述のように、「1日中、英語漬けの生活を何年もつづけたならば」という条件つきです。それ以降の年齢では、ただ触れているだけではなかなか使えるようにはならないと思います。

固い大人の頭で自然に英語を習得しようとするなら、ちょっとやそっと英語に触れたくらいで追いつくはずがありません。現に、3年以上アメリカに住んでいても、ちゃんと英語を話せない人はたくさんいます。

もちろんアメリカに行って勉強するのが理想ではありますが、**「アメリカに長期間**

住んで英語を聞いていれば、自然と英語を話せるようになる」というのは幻想にすぎません。逆に正しいやり方をすれば、日本でも英語を身につけることはできるのです。

文法を勉強することで、言葉のルールを短期間で身につけられる

大人になってから英語をマスターしようと思ったら、やはり言葉の「ルール」である「文法」の勉強は絶対に必要です。**文法は、言語を短期間で習得できる「最強のツール」**だからです。

母国語をマスターするのにほとんどの人が5年や10年という月日をかけて自然と身につけてきた過程を、文法を押さえておくことで削減できますから、大幅な時間短縮になります。文法を勉強することは、外国語をマスターするうえで非常に効率的な方法なのです。

ACTION!

英語学習の最強ツールである文法を活用せよ

SECTION
07
文法は、中学～高1のレベルを勉強すればよい

「英語評論家」ではなく、「英語プレーヤー」を目指せ

前項で、文法は言語を短期間で習得できる「最強のツール」だと述べました。この考え方に、違和感を覚える人もいるかもしれません。「私は文法の知識がかなりあると思うけど、一向に英語が話せない」という人もいることでしょう。

たしかに、日本人の文法知識はとんでもなくすごいレベルです。問題は、**知識を増やすことに専念しすぎて、それを使おうとしていない**ことです。また、「絶対に正しい文法で話さなければ」という意気込みが強すぎるのです。

何度も述べているように、英語は技術です。実際に体を使って練習しなければ上達しません。

ところが、日本人の多くは英語の「プレーヤー」ではなく、「評論家」になってし

まっています。評論家に求められるのは、その人が専門としているテーマについての膨大な知識です。

たとえば、音楽評論家だったら、さまざまな楽譜の歴史や背景、真の意味合いなどについて精通していることが第一であり、ピアノやバイオリンが弾けなくても別に問題はありません。

もし、あなたが英語評論家を目指すのであれば、これまで通りの知識や理論中心の勉強法でもかまわないでしょう。しかし、この本を読んでいるみなさんは、英語評論家を目指してはいないはずです。英語を使いこなせるようになりたくて、この本を読んでくださっているのだと思います。

文法の例文は覚えるまで音読し、どんどん使っていく

文法の知識は、必要以上に深くする必要はありません。初歩的な英語を実用的に使いこなすためには、基本を習得しておけばよいのです。

具体的には、中学～高校1年くらいまでの英文法の知識があれば十分です。

というのも、**中学～高校1年までに習う英文法は、とても汎用性が高い**のです。一方、大学受験のための英文法はかなりマニアックなものも含まれています。難しいこ

基礎文法の学び方

とを知りすぎているせいで、英語を話すのにブレーキがかかってしまうこともありますから、まずは基礎的な文法を勉強すればよいでしょう。

ある程度の文法知識がついたら、後は実践のためのトレーニングに集中することが大切です。トレーニングの方法は、次の項目で詳しく説明しますが、例文を徹底的に音読し、暗誦し、さらに、そのパーツを入れ替えて会話をします。

そして英語を話す機会があったら、どんどん使っていきます。正しさにこだわりすぎる必要はありません。「使いながら直す」という精神で、「学んでは使う」を繰り返しましょう。

SECTION

08

文法ルールを「自動化」するとスラスラと話せるようになる

言いたいことを言うには文法力が必要

一般に、「文法」は英語を読んだり聞いたりして理解するのに役に立つと考えられているのではないでしょうか。もちろんその通りなのですが、**文法はスピーキングにも威力を発揮します**。とくに、自分の考えや思いを伝えるような場面では、この文法力が物を言うのです。

挨拶や決まり文句を返せばよいような場面なら、暗記した定番フレーズをさっと引き出して言えばすみます（もちろん、反射的に言えるようになるためにはそれなりの練習が必要ですが）。しかし何かを説明したり、意見を述べたり、気持ちを伝えたりと自分の言いたいことを表現するには、定番フレーズだけでは足りません。適切な構文や単語を選び、文を組み立てるという過程を経なくてはなりません。

これがなかなかできなくて、多くの方が苦労しているのではないでしょうか。

“It's ...It's ...”と出だしだけで、なかなかその先の英語が出てこなかったり、しばらく沈思黙考して、ようやく1センテンスの英語表現をひねり出すということになってしまうわけです。頭のなかで「これは過去の話だから動詞は過去形にして、whenではじまる従属節を使って……」とあれこれ文法知識を引っ張り出して、英語の表現を考えている……これはつまり、文法を使いこなせていないということです。

文法を使いこなせる状態になれば、必要に応じて瞬時に適切な構文が頭に浮かび、さっと口に出すことができます。自分の言いたいことをスラスラと言えるようになるには、**文法ルールの「自動化」が必要なのです。**

パターンプラクティスで文法を身体に染み込ませる

あなたは、文法の「理屈」を理解したら、その文法をマスターしたと思っていませんか？　文法の問題集を解ければその項目は習得できたと思っていませんか？　それは「間違い」です。

理屈を理解できても、文法ルールを使いこなせるというわけではありません。文法ルールを自動化するには、例文や構文を繰り返し音読して身体に染み込ませなくてはなりません。もちろん、ネイティブの音声をまねしながらです。

そして、さらに**「パターンプラクティス」**を行います。

ひとつの構文について、使う単語を入れ替えたり、あるいは疑問形、否定形に変えて練習するという方法です。実際にやってみると、理屈ではわかっていてもなかなか、スムーズに言えないものです。これがスラスラと言えるまで繰り返し練習しましょう。

日常会話でもよく使われるような基本構文は、単語を入れ替えて何度も練習します。たとえば〝I'd like to ～〟（私は～をしたいです）というパターンで、～の部分にさまざまな言葉を入れ替えて練習しましょう。繰り返し練習をすると「～したい」と表現したいときには反射的に〝I'd like to〟が頭に浮かぶようになります。

また、パターンプラクティスで、〝～〟の部分に入る表現をいろいろと考えて言うという練習を繰り返すことにより、言いたいことをさっと思いついて言う力もついていきます。

こうした地道な練習を積み重ねることで、文法が自動化され、必要に応じて反射的に適切な構文が口から出てくるようになり、最終的には、「英語がスラスラ話せる」レベルになっていくのです。

ACTION!
パターンプラクティスを1日10分。
文法を身体に染み込ませよう

SECTION

09

4つの技能は有機的につながっている

ひとつの技能を鍛えることで、残りの3技能も上達する

英語には、リスニング、スピーキング、リーディング、ライティングの4つの技能があることは先述しました。英語を勉強する人たちの多くは、この4つの技能を切り離して考えがちです。しかし、これら4つの技能は、完全に切り離せるものではありません。**土台のところでつながっているのです。**

たとえばリスニング。正しく発音できなければ、英語は聞き取れるようになりません。つまり、スピーキング力を鍛えることが、リスニング力アップにもつながります。

また、音は発せられたそばから消えていきます。リーディングでうしろから前に戻って訳す悪癖がついていると、リスニングの際になかなか聞き取れるようにはならないでしょう。リスニングの勉強をすれば、日本語に直しながら読むという悪い癖を直すこともできるのです。

4つの技能の相関関係

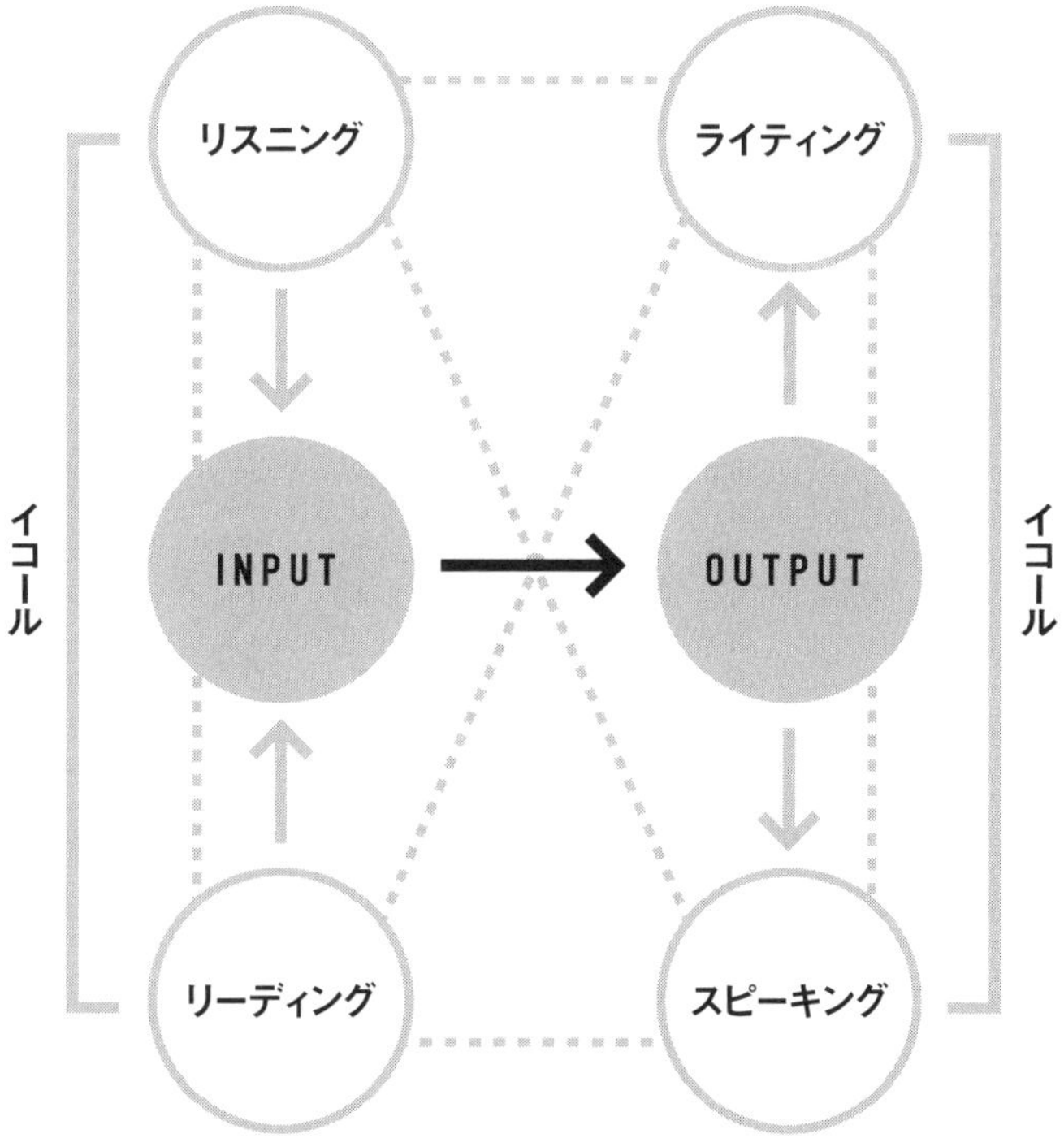

POINT

**4つの技能は
脳のニューロンのようにつながっている**

そのほかにも、スピーキング力は、「英文をつくる」という点でライティング力と同じです。また、ライティングやスピーキングのネタはリーディングをつづけることによってストックされていきます。

つねに4つの技能を意識しながら勉強する

次章以降、4つの技能それぞれの勉強法について紹介します。

英語を効率的に勉強しようと思うのならば、これら4つの技能をバラバラに考えてはいけません。**それぞれを組み合わせて学習することが大切です。**どの技能を勉強するときも、「これは○○の技能の勉強にもなる」と意識するのです。

このように意識することで、4つの技能をバランスよく伸ばしていくことができます。その結果、トータルでの英語力を高めていくことができるのです。

ACTION!

4技能は
つねに「同時に」学ぶ意識を持て

CHAPTER2

リスニング

英語の「聞く力」をアップする

SECTION

01

リスニング

「精聴」によって、音と文字を一致させていく

日本語と英語とでは音の波長が違う

まずは、リスニングから見ていくことにしましょう。

最初から音の感覚が優れている人や、子どものころから英語をやっていた人にはわからないかもしれませんが、学びはじめの人にとって、リスニングほどツラいものはありません。

私が英語の勉強のなかで一番苦労したのが、このリスニングです。いったん英語を聞くための耳が開き、聞き取れるようになると、あのツラさを忘れそうになるのですが、今あらためて、初級者のころの苦労を思い出しています。

とにかく**最初は、英語が宇宙人の言葉にしか聞こえないのです。**

現在、私は韓国語を勉強していますが、韓国語の場合は、知っている単語はスルリ

と耳に入ってくるし、歌詞も、知っている表現ならば聞こえてきます。日本語と波長が似ているのです。でも、英語の場合は、スクリプトを見ればわかるものでも、音で聞くとさっぱりです。説明しにくいのですが、日本語とは根本的に波長が違うのです。歌詞を理解しようとしても、すべてが〝空耳アワー〟のような状態でした。

この状態は〝複合感染症〟のようなもので、原因がたくさんあります。残念ながら、何かをやれば、すぐにパッと聞こえるようになるというものではありません。〝抗生物質〟を長期間投与しながら、原因となる〝病巣〟をひとつひとつ丁寧に除去していくほかはありません。

初級者は「英語のシャワー」を浴びても、聞き取れるようにはならない

さて、リスニング力をつけるために、今も昔もよく耳にするアドバイスが、「毎日、朝から晩までシャワーのように英語を聞きましょう。そうすれば自然と英語が聞き取れるようになります」です。これは、ＴＯＥＩＣ６００〜９００点レベルの中・上級者にとっては、適切なアドバイスかもしれません。一方、そうではない人には、正直いって、この学習方法では効果はあまり期待できないでしょう。

大学入学当時の私の英語力は、典型的な日本の高校卒業程度のものでした。そのため、「聞く力」は皆無。大学の授業でも、まわりに合わせて先生の英語にうなずいたり笑ったりするみじめな日々がつづいていました。

大学1年生のころ、私は、クラスメートからアドバイスされて、米軍のラジオ放送であるFEN（今のAFN）を聞くことにしました。一日中、朝から晩まで、家にいる間中、FENをかけていました。まさに毎日、「英語のシャワー」を浴びていたわけです。「雑音にしか聞こえないのは、最初のうちだけ」と思いきや、1カ月たっても、あいかわらず雑音。3カ月後もやはり雑音の連続。

半年後、「さすがに、そろそろ……」と思うものの、ラジオから聞こえてくるのははじめとほとんど変わらない雑音、雑音、雑音……です。本当にいつまでたってもわかるように全然ならないのです。

音と単語が合致してはじめて、聞き取れるようになる

当時のFENでは、番組と番組の間に、〝Serving you while you serve in the Pacific.〟（太平洋地域で勤務していらっしゃるみなさんのために、私たちも奉仕しています）というジングルが流れていました。当時の私は、〝Pacific〟は何とか聞き取れ

るものの、このほかは何を言っているかがさっぱりわかりませんでした。

帰国子女の友だちに「パシフィックが何とかと言っているけど、あれは何て言っているの？」と質問して、教えてもらったのが、〝Serving you while you serve in the Pacific.〟の一文。〝serve〟の意味と発音も辞書でチェックしました。そこでさっそく家に戻ってFENを流すと、この部分の英語だけはパーフェクトに聞こえたのです。

昨日まで〝Pacific〟以外はまったく聞き取れなかったのに、これはとても不思議でした。この経験で私が発見したのは、「**ただ漫然とわからない音を聞いていてもダメ。**どの音がどの単語と合致しているのかがわかって、初めて理解ができるのだ」ということです。

精聴の徹底で、「英語の音を聞き分けられる耳」に改造する

そのことに気がついて以来、私がずっとつづけていることは、**わからない音をほったらかしにしないで、スクリプトと照合して確認するという作業です。**その際は、聞こえなかった理由にも注意してください。母音や子音、音のつながりがどう聞こえたかチェックするのです。こうした聞き方を「精聴」といいます。一方、英語をシャワーのように聞き流す方法を「多聴」といいます。

多聴は、英語の音声への抵抗感をなくし、英語独特のリズムに慣れるうえでは有効だと思います。しかし、それはある程度のリスニング力があっての話です。ほとんど聞き取れないうちは、英語の音は単なるＢＧＭになってしまいます。子どものころから洋楽を聴きつづけているにもかかわらず、いまだに歌詞が全然聞き取れないという人は多いと思います。それと同じ状況になってしまうのです。

そこで、初級者のうちは、音と文字を照合させながら聴いていく「精聴」を徹底的にやるべきです。「英語の音」を自分の耳にどんどん刷り込んでいきましょう。

そうすることで、あなたの耳を「英語の音を聞き分けられる耳」へと改造していくことができるのです。

ACTION!

聞き取れない音はスクリプトで確認。聞き取れるまで聞き直そう

英語の音はこうやって聞き分けられるようになる

[音と文字が一致していなかったとき……]

Pacific.
う〜ん

[音と文字が一致した!]

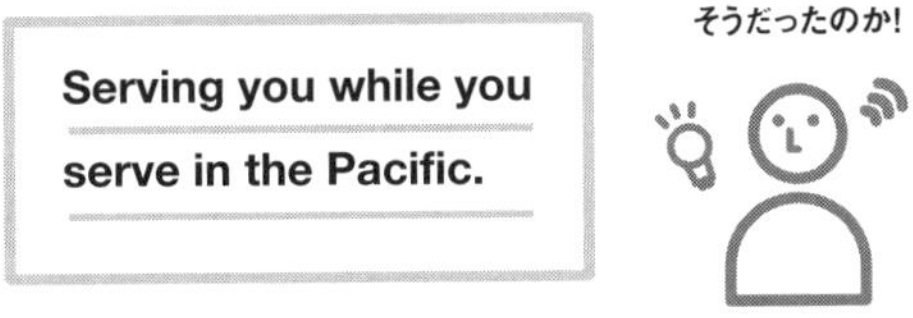
そうだったのか!
Serving you while you
serve in the Pacific.

[英語がパーフェクトに聞こえてくる!]

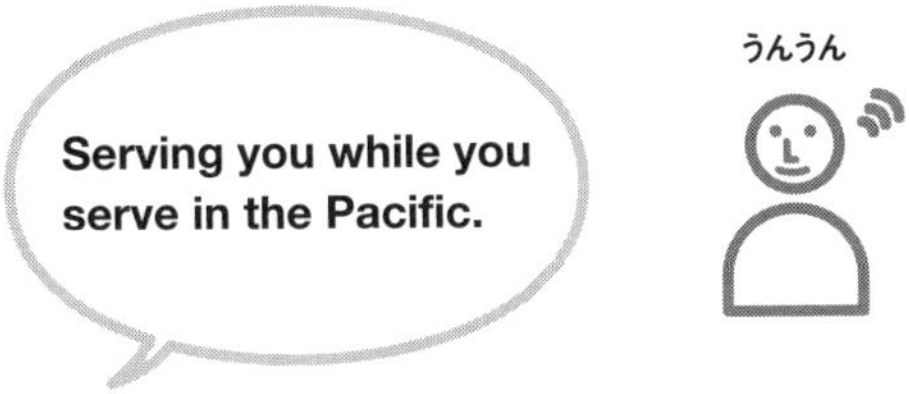
うんうん
Serving you while you
serve in the Pacific.

SECTION

02

リスニング

「ディクテーション」で英語の耳に改造する

「英語を聞いて、それを書き取っていく」のが、ディクテーション

では具体的に、精聴はどのように進めていけばよいのでしょうか。

精聴にはいくつか方法があります。私も、かれこれ20年以上になる英語学習歴のなかで、いろいろな方法を試してきました。なかでも**初級者レベルのときに一番効果があったのが「ディクテーション」です。**

ディクテーションとは、「英語を聴いて、それを書き取っていく」という学習法です。用意するのは、英語の音声とそのスクリプト。スクリプトはディクテーションには絶対に必要です。スクリプトがないと、精聴の肝《きも》である「音と文字を一致させる」という作業ができません。スクリプトがあるという絶対条件を満たしていれば、英語の音声のジャンルは何でもかまわないでしょう。英語のニュースや著名人のインタビュー、俳優やナレーターによる朗読など、書店の語学書コーナーに行けば、さまざまな教材が売られています。自分にとって楽しくリスニングできそうなジャンルを選んでください。

ただし、英語の音声のなかには、素人のナレーターが棒読みしているようなものもあります。何度も聞いて練習することを考えれば、やはり心の込もったプロのナレーターの朗読を選ぶのがよいでしょう。

それから、どんなジャンルの教材であっても、**必ず自分に合ったレベルのものを選んだほうがよいと思います。**

あまりレベルが高すぎると音を書き取る作業がかなりしんどくなり、挫折の原因になります。最初のうちは、内容の7〜8割が楽に聞き取れるものを選び、自信をつけていくのがいいかもしれません。

つづりがわからない場合は、カタカナでもOK

さあ、道具がそろったら、さっそくディクテーションのスタートです。

まず英語の音を聴き、聴こえた通りに書き取っていきます。1回で書き取るのはたぶん不可能です。オーディオプレーヤーをまわしたり止めたりしながら、何回も繰り返し聴き、書き取っていきます。

ディクテーションでは、書き取るスペリングがわからなければ、とりあえず適当でかまいません。

また、初級者の人で、どうしてもスペリングがわからない場合は、聴こえた音をそのままをカタカナで書いておいてもよいでしょう。たとえば、「ゲリラッ」（get it out）と聴こえるものの、どうしてもつづりが思いつかなければ、「ゲリラッ」と書いておいてかまいません。後で、どんなふうに聴こえたかをチェックするのにも役立ちます。

「期待している音」と「実際の音」にズレがあるから聞き取れない

みなさんのなかには、「さすがに何回も聴けば、全部、書き取れるだろう」と思う人もいるかもしれませんが、じつは、それほど簡単にはいきません。1回聞いて認識できない音は、何回聴いても認識できないままなのです。そのことは、実際にディクテーションを行ってみると実感できると思います。

これは、耳が期待している音と、実際に聞こえてくる音とに「ズレ」があるからです。たとえば、先述の「ゲリラッ」という音声。〝get it out〟を日本人が聞くと、このように聞こえます。ところが、多くの日本人は〝get it out〟という言葉に対して、「ゲットイットアウト」という音を期待しています。

こうしたズレが解消されないかぎり、いつまでたっても「ゲリラッ」を〝get it out〟と認識することはできません。**この「ズレ」こそが、あなたのリスニングを妨げる「犯人」です。**ディクテーションを行うことで英語を聞こえなくしている「犯人」を発見することができるのです。

文字を見ながら精聴し、正しい音を耳に刷り込む

さて、「犯人」を見つけるためには、書き取ったものとスクリプトを照合するという作業が必要になります。先ほどの「ゲリラッ」も、スクリプトをチェックすることで、〝get it out〟と確認できます。確認できたら、正しい単語を赤字で書いていきましょう。

ディクテーションで「犯人」が見つかったら、今度はその英語の音を、それこそ耳

STEP3 英語の音を聞く

紙を見ながら……

書き取った紙を見ながら、50〜100回、繰り返し英語の音を聞きます。赤字の訂正を見ると自分の弱点をつかめます。目と耳を使って正しい音を刷り込んでいきましょう。

紙をはずして……

紙を見ないで、音声のみで聞き取ります。これも50〜100回ほど繰り返しましょう。

STEP4 音読する

声を聞きながら……

紙を見ながら英語の音声の後について音読します。CDを止めながら読むとやりやすいでしょう。ネイティブスピーカーとほぼ同じ発音ができるようになるまで繰り返します。

音声なしで……

ときどき音声なしで、紙だけを見て音読してみましょう。このようにやり方に変化をつけることで、飽きずに勉強をつづけることができます。

ディクテーションの進め方

STEP1 英語の音を聴き、聴こえたまま紙に書き取る

何回も繰り返し音声を聞き、書き取っていきましょう。書き取る際のスペリングは適当でもかまいません。また、スペリングがわからない場合は、聴こえた通りにカタカナで書いてもOKです。

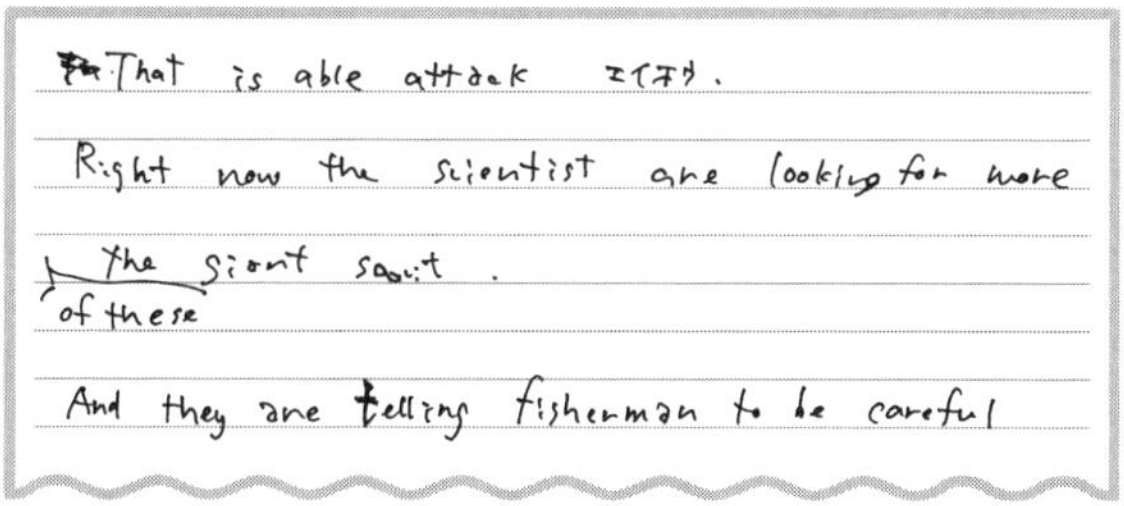
That is able attack エイオウ.
Right now the scientist are
the giant
of these
And they are fisherman to be careful

STEP2 書き取ったものをスクリプトと照合する

スクリプトを見ながら、正しい単語を赤字で書き込んでいきます。

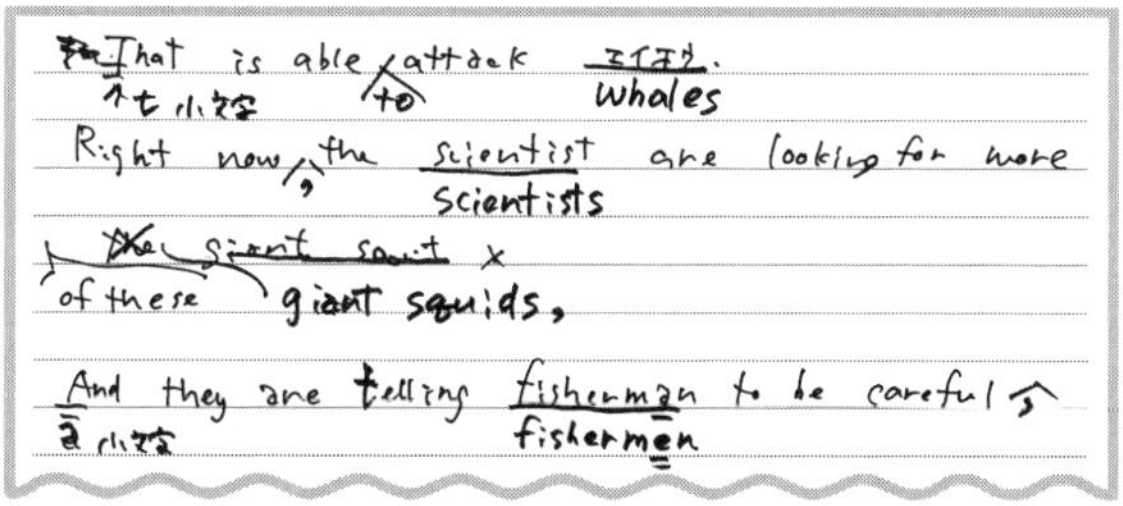
That is able attack エイオウ.
to
whales
Right now the scientist are
scientists
of these
giant squids,
And they are fisherman to be careful
fishermen

にタコができるくらいまでスクリプトを見ながら何回も聴いて、耳に刷り込んでいきます。

このとき、最初のうちは、自分がディクテーションで書き取り、かつ赤字を入れたものを見ながら進めます。**赤字の訂正を見ることで、自分の弱点がどこなのかがハッキリとわかるからです。**目と耳を使って「単語」と「音」をしっかり確認し、正しい音を耳に刷り込んでいきます。それがすんだら、スクリプトを見ないで聞き取りましょう。

正しく認識できる音が増えていくことで、あなたの耳は英語を聞き取れるようになっていくのです。

「耳タコ」プレーリストをつくれ!

ディクテーションによってマスターした音声は、その後も繰り返し聴くことが重要です。そこで、みなさんのオーディオプレーヤーのなかに、それ専用のプレーリストをひとつつくりましょう。

私は、そのプレーリストに「耳タコ」という名前をつけています。このプレーリストには、一度にたくさんのデータを入れてはいけません。学習が終了したものから、ひとつずつ増やしていくようにしてください。それを**リピートモードにして耳がタコになるまで聴きつづけ、英語の音声を耳に刷り込んでいきましょう。**そうすれば、その英文のなかにでてきた音声は、新しい英語を聞いたときにも認識できるようになっていくわけです。

初級から中級への壁を突き破るまでは、たくさんの英文を一度に聞くよりも、量を絞って繰り返し聴くほうが効果的なのです。

ACTION!

週に一度はディクテーション。聞き取りの弱点を把握しよう

SECTION

03

リスニング

ディクテーション後の音読で、正しい英語の「音」を刷り込む

人間は自分が発音したことのある音しか聞き取れない

英語の正しい音を刷り込むには、文字を見ながら音を聞くだけでは不十分です。教材のネイティブスピーカーの発音をそっくりまねて、音読する必要があります。

「モーターセオリー」という理論によれば、**人間は、ある音を聞き取る際、以前、その音をつくるために筋肉を動かしたことがあるかどうかを照会しているそうです。**

そして、動かしたことが「ある」場合は「意味のある音」として理解し、「ない」場合は「雑音」として処理するといいます。つまり、人間の耳は、自分が発音したことのある音しか認識できないのです。

たとえば、〝psychologist〟［saikálədʒist］という単語があります。この言葉を知らない人は、ローマ字読みで「プシコロジスト」と読むかもしれません。その場合、そ

の人の耳は「プシコロジスト」という音を期待して待ちます。そのため、実際に、〝psychologist〟が発音されても、耳は聞き取ることができません。

もし、正しく発音できていれば、その正しい音を耳は期待して待っていて、〝psychologist〟を〝サイカラジスッ〟という音でちゃんと聞き取れるのです。

ネイティブスピーカーの発音を徹底的にまねて、音読する

英語と日本語は、音の構造がまったく違います。

日本語は「Ya su ko u chi」のように「子音＋母音」のセットが原則です。一方、英語は、「子音＋母音」のセットだけではなく、「子音＋母音＋子音」（たとえば、〝dog〟）や「子音＋子音＋母音」（たとえば、〝tree〟）といった日本語にはない組み合わせがたくさんあります。

そのことに気がつかずに、英語を日本語感覚で「fu re n zu（＝friends)」と「子音＋母音」のセットで読んでいれば、いつまでたっても英語を正しく発音することはできません。

そして、正しく発音できなければ、いつまでたっても英語をきちんと聞き取ることができません。

そこで、**ディクテーション後には、音声を聞いて確認するだけでなく、ネイティブスピーカーの発音をそっくりまねて音読しましょう。**

音読は、まず「リピーティング」からはじめます。ディクテーションの答え合わせをして赤字訂正が入ったもの、もしくはスクリプトを見ながら教材の音声の後について音読してください。最初は一文ずつ音声をストップさせながら読むとよいでしょう。

そして、慣れてきたら、スクリプトを見ながらネイティブスピーカーの音声と一緒に読んでいく「オーバーラッピング」をやりましょう。スクリプトを見ずに、1拍遅れてネイティブスピーカーの音声をまねする「シャドーイング」をしてもよいですね。

この音読で、とくに注意してもらいたいのが、徹底的にネイティブスピーカーの音をまねすることです。ほぼ同じように発音ができるようになるまで繰り返します。そうすることで、あなたの耳は、たとえば「ゲリラッ」だったら、その音を〝get it out〟と認識できるようになっていきます。

つまり、耳から日本語のブロックがはずれ、英語が聞き取れるようになるのです。

ただ、勉強は同じことばかりを繰り返すと飽きてしまうので、ときには音を聞かずにスクリプトだけを持って音読するなど、いろいろと変化をつけるとよいと思います。

さまざまな声で発音された英語を聞くことで、認識率が高まっていく

中上級者が、さらに英語の耳を鍛えるには、**男性や女性、子ども、老人など声にバリエーションが出るように、いろいろな教材を混ぜるとよいでしょう。**さまざまな声の英語を聞いて、引っかかる音をチェックしていくと、次第に耳が開いていきます。

この作業は、ワープロソフトの文字変換を自分流にカスタマイズしていく過程と似ています。文字変換の認識率が、急に50％から90％に跳ね上がるようなことはありません。使っているうちに、50％、60％、70％……と、徐々に認識率が高まっていくのです。正直にいって、外国語の認識率が完ぺきになることなどないかもしれません。でも、私たちが日本語を100％すべて聞き取っていないのと同様、ネイティブスピーカーだって全部聞こえているわけではないのです。焦らずに、頭のなかにある英語認識装置を、ひとつひとつ丁寧に育てていってください。

ACTION!
ネイティブを徹底的にまねた音読で「音声の筋肉回路」をつくろう

SECTION

04

リスニング

教材は「せまく、濃く」使う

「これをやる」と決めたら、残りは捨てる

英語にかぎらず、言語学習初期における鉄則は、「せまく、濃く」です。つまり、選んだ教材を、あきれるほど繰り返し勉強するのです。あれもこれもと手を出すよりも、徹底的にひとつのものを脳に刷り込んでいくということが大事なのです。

「言語学習では、とにかくたくさんのものに触れたほうがいい」という考え方もあります。たしかに中・上級者に関してはその通りなのですが、初級者のレベルでは、同じものを何十回と反復する方法が効果的です。

そこで、ディクテーション用の教材を購入したら、入っている教材をすべて勉強しようとは思わないでください。**取捨選択する勇気を持ち、「これをやる！」と決めたら、残りは捨てることです。**

たとえば、『ENGLISH JOURNAL』(アルク)のような、CDがついている便利な雑誌があります。このような雑誌は価格も安く、音声とスクリプトが同時に手に入るので大変役に立ちます。

しかし、この雑誌1冊分をすべてディクテーションし、しっかりと学習しようと思ったら、中級レベルの人でも3カ月はかかるでしょう。たかが雑誌1冊と思うかもしれませんが、本気でマスターしようと思ったらとんでもない量なのです。

ひとつの教材をすべて暗記するくらいまでやる

ひとつの教材を暗記するまで勉強すると、リスニング力のみならず、スピーキング力やライティング力、リーディング力を養うことができます。

というのも、本書で繰り返し述べているように、英語の4技能はすべて根底でつながっています。**どれかひとつを勉強すれば、脳細胞のニューロンのようにどんどんとつながっていくのです。**

暗記するまで英語をリスニング、もしくはリーディングすれば、文章中の単語や熟

教材は「せまく、濃く」で4技能すべてがアップ!

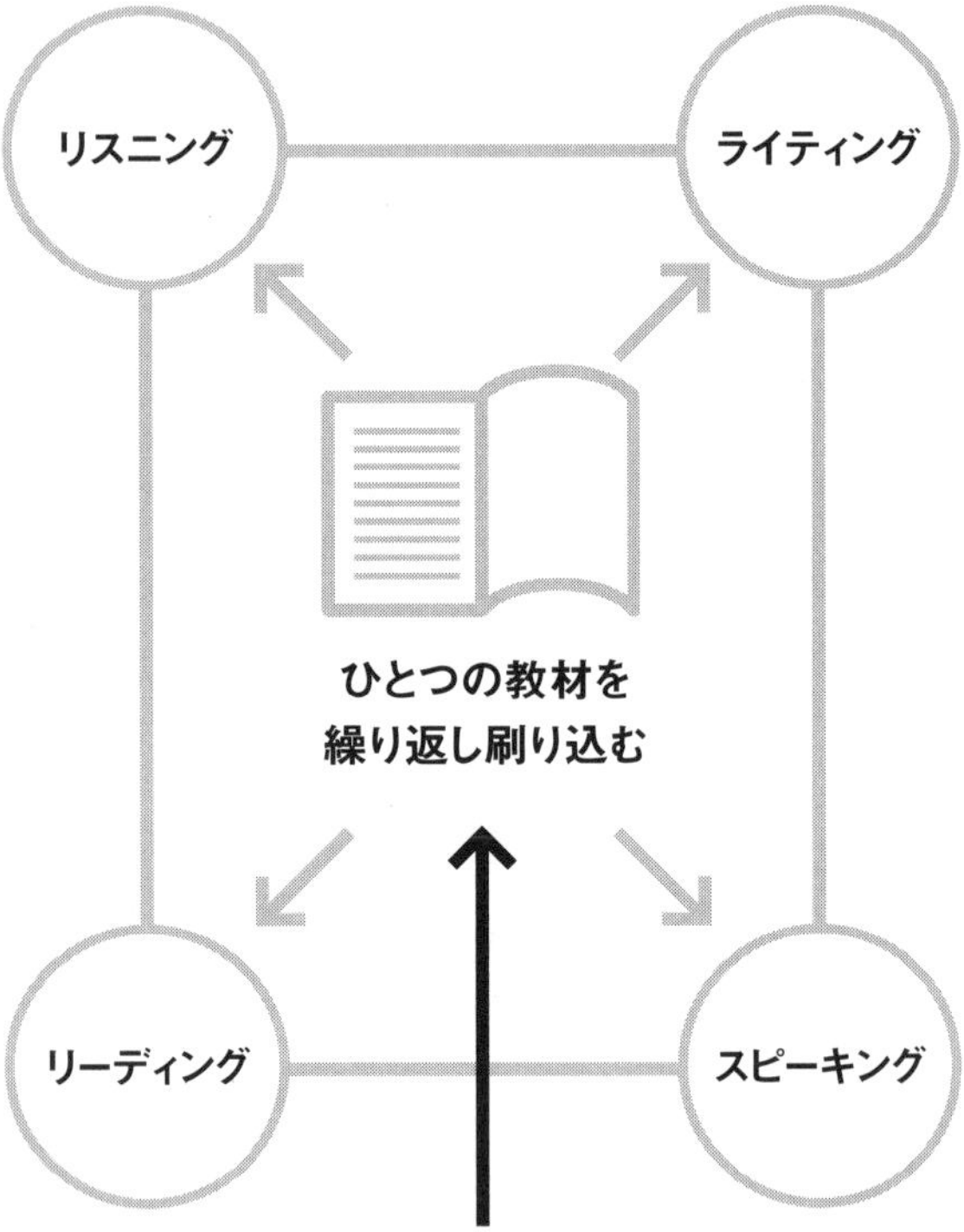

POINT

4技能すべての土台となる!

語が頭のなかにインプットされていきます。その結果、スピーキングやライティングといった英語をアウトプットする力を磨くことができます。

4つの技能の「つながり」を意識しなければ、そのつながりはすぐに切れてしまいます。「4つの技能をどんどんつなげていくのだ」という意識を持って勉強してください。そうすることで、4つの「つながり」は強固になり、さらに広がっていきます。

「力をつけるための勉強」には、反復あるのみ

私自身、さまざまな資格試験やプレゼンの対策として、それほどたくさんの教材を使っていません。「これ！」という教材を選んで、それを何度も繰り返し徹底的にやっていました。

勉強には、「慣れるための勉強」と「力をつけるための勉強」の両方があると思います。「慣れるための勉強」なら、たくさんの英語に触れることが大切です。たとえば、資格試験の前などは、たくさんの問題を解いて、英語を速く処理する能力を磨くことが必要です。そのような、解き捨てや読み捨ての学習によって、実践力を磨くこ

とができるからです。

しかし、「力をつけるための勉強」は別です。とくに初級者の場合、メインとして使うものはひとつに絞り込みましょう。そして、**教材をすべて覚えてしまうくらいまで徹底的にやるのです。**

ACTION!

メイン教材はひとつに絞り込み徹底的な反復練習を

SECTION

05

リスニング

発音記号の習得は、リスニング力アップの近道になる

映画で耳にするあの"Thank you."が言えるようになった!

リスニング力を鍛えるのに、発音記号の習得は欠かせません。それなのに、多くの人がそのことに気がついていません。

かくいう私もそのひとりでした。大学に入学するまで、私は発音記号をバカにして、まともに勉強をしていませんでした。

ところが、大学2年のころ、発音記号の偉大さに気がついたのです。

17ページで先述した大学2年生のときのアメリカ横断旅行で、私のスピーキング力は「でたらめ英語」ながらある程度上達しました。一方、リスニングは旅行前と変わらず、聞こえた部分をつなげて大意を取るだけのお粗末な実力のままでした。授業で先生から英語で質問されても、「はあ……」としか答えられない日々があいかわらずつづいていました。

この状態を改善してくれたのが、「発音記号」の学習なのです。

その当時、私はクラスメートなどから、「〝th〟の発音がおかしいよ」とか、「〝a〟の発音、わかっていないだろう」など、散々な指摘を受けていました。さすがに「これではまずいな」と思い本屋さんに行き、発音記号の解説書のなかで一番簡単そうなものを購入し、2週間ぐらいかけて勉強しました。


すると、この学習をきっかけにして私の発音は飛躍的によくなりました。たとえば、〝Thank you.〟という言葉も、[θ]や[æ]という音を意識していなかったころは、カタカナの「サンキュー」を舌を丸めてそれっぽく聞こえるように発音するだけでした。ところが、[θ]や[æ]という記号とその発音をしっかりと勉強することで、映画で耳にするあの〝Thank you.〟が言えるようになったのです。

発音のスキルとリスニング力は、密接に結びついている

発音記号の勉強は、私の発音を改良してくれただけではありません。発音のスキルがアップしていくにしたがい、私のリスニング力も変化していきました。

それまでの私は、〝fur〟と〝far〟の区別などは、「何となく」のカンで聞き分けてい

ました。それが、〝fur〟は［fəː］と読み、〝far〟は［fɑː］と読むという区別を記号にしたがって練習したことで、耳で聞いてハッキリとわかるようになったのです。

こうした経験から、私のなかでひとつの真理となったのが、「発音のスキルとリスニング力は、密接に結びついている」ということ。

英語の音を正しく勉強するためには、発音記号の学習は必須です。英語のスピーキングやリスニングの勉強をするときには、英単語のスペリングで読み方をチェックするのではなく、発音記号を積極的に活用していきましょう。

ACTION!

確実にリスニング力をアップさせたいなら発音記号を学べ

SECTION

06

リスニング

2週間で発音記号を習得してリスニングの弱点を克服しよう

発音記号の習得はあらゆるレベルの学習者にお勧め

発音記号というと初級者が学ぶべきことと思っている方も多いことでしょう。中級、上級の方は「学んだほうがよかったんだろうけど、今さら……」と思うかもしれません。しかし、もし発音記号を学んでいないのなら、どんなレベルであれ、すぐに習得することをお勧めします。

英語が全然聞き取れないと悩んでいた初級者が少しずつ単語を聞き取れるようになったというだけでなく、**中級、上級者でも発音記号を学んだら、長年克服できなかった聞き取りの弱点があっさりと解決したということもよくある**からです。

発音は奥深い世界ですが、音声学レベルまでマニアックに極める必要はありません。日本人がとくに苦手とする〝s〟や〝th〟、〝r〟と〝l〟、そして〝b〟と〝v〟などを中心に、ひと通り発音記号が読めるようになれば十分です。

まずは発音記号に関する教材を手に入れてください。『英語の発音がよくなる本』（巽一朗著／KADOKAWA 中経出版）や『英語の発音が正しくなる本』（鷲見由理著／ナツメ社）のように、DVDつきでネイティブが発音している口元を映像で見ることができるタイプがお勧めです（104ページ参照）。

短期集中で耳と口を使って発音記号を習得する

教材を準備したら、一気に2週間で発音記号をマスターしましょう。一日30分ずつ勉強すれば大丈夫です。発音記号の習得にはそれほど時間がかかるわけではありません。むしろ短期間、集中して身につけることが大切です。

最初の1週間で代表的な発音記号を曲がりなりにも読めるようにしましょう。**口の形や舌の位置などをしっかり確認して、発音練習をしてください。**ネイティブの発音をよく聞き、口の形をよく見ること。どの記号がどういう口の動きでどんな音なのか、ひとつひとつ学んでいきましょう。

2週目は同じ本を繰り返し勉強して、知識を定着させましょう。このときも必ずネイティブの発音を聞いて音読してください。耳と口をしっかり使って、発音記号を身体にたたき込んでください。

発音記号を習得したら、単語学習やリスニング学習に利用している教材を使って単語の発音記号を読んだり、発音記号を見ながら音声を聞いてみてください。これまで聞き取りで苦手としてきた英単語があっさり聞き取れたりするはずです。「なんだ、こういう発音だったのか」と、もやが晴れるような気分になることでしょう。苦手な英単語については、すべて発音記号を確認して音声を聞き、学習し直すことをお勧めします。一気に弱点が克服され、リスニング力も発音もレベルアップすることでしょう。

また、新たに覚える単語は必ず発音記号も一緒に学んでください。正しい発音が確実に身につきます。

ACTION!

今すぐ発音記号の習得を。聞き取りと発音が劇的に上達する

SECTION

07

リスニング

カタカナ英語の正しい発音を学んで耳を矯正しよう

ローマ字風に英語を読むクセがあると聞き取れない

英語がなかなか聞き取れない大きな原因のひとつが、日本語の影響を大きく受けた「カタカナ英語」にあります。カタカナ英語に慣れ親しんでいることが、本物の英語を聞き取るときに障害となってしまっているのです。

カタカナ英語にはいくつかのタイプがありますが、その代表が英単語を「ローマ字風」に読んでしまうケースです。英単語のスペリングを見て、多くの日本人は無意識にローマ字風に読んでしまっているんですね。

たとえば、〝colleague〟（同僚）[kɑ́liːg]をローマ字風に「コリーグ」と読んでいる人は、アメリカ英語のネイティブの発音（カリーグに近い発音です）で、〝colleague〟と認識できません。

このように知らず知らずのうちに**ローマ字読みをしてしまっている英単語を正しい発音に矯正すると、聞き取りの力は伸びていきます。**単語の勉強をするときには、必ず音声も同時に学んで正しい発音を耳にたたき込むようにしましょう。単語の学習は意味と発音を両方マスターしなければダメなのです。

それから、英単語の多くは子音で終わるのですが、ほとんどの言葉が母音で終わる日本語の影響を受けると、英単語の語尾に母音をつけて読んでしまいがちです。子音で言葉を終えるということが、日本人に感覚的には理解しづらい。だから、ついつい無意識に母音を加えてしまうのです。

たとえば〝dog〟という単語、日本語的に発音すると「ドッグー」と母音の「ウ」をつけて終わります。

しかし英語の語尾の子音は通常、非常に短く発音されます。日本人にはほとんど聞こえないほどです。〝dog〟は「ドーッ」と聞こえます。

「ドッグ」という音を期待している耳に「ドーッ」という音声が聞こえてきてもそれが〝dog〟とはなかなか理解できませんね。また〝dock〟は「ドッ」と聞こえますが、

〝dog〟の「ドーッ」との区別も日本人には難しいところです。

このほか〝suggest〟は、日本人は「サジェスト」と発音しますが、本来の英語は「サジョス」のように聞こえます。〝available〟は「アベイラブル」ではなく「アベイラボー」のように聞こえます。

語尾に母音がつかないものが多いという、英単語の発音の特徴を意識する必要があります。リスニング練習の際にも、語尾の部分を意識して、英語本来の発音に慣れていきましょう。

外来語の本来の発音を学ぼう

すでに「日本語」として定着しているような外来語のカタカナ英語も、日本語的な発音が定着しているために、本物の英語の発音を聞いたときに理解できないケースがよくあります。

たとえばチャンネル、キャリア、アレルギー、エネルギーなどの英語の本来の発音をご存じでしょうか？

カタカナ英語としてなじんでしまっている英語の言葉は、本来の発音をあらためてきちんと学びましょう。聞いてパッと意味が浮かぶまで練習してください。もともとの意味は知っている単語が多いので、**正しい英語の発音への配線がつながれば、聞き取れる単語が大幅に増えるでしょう。**

なお、カタカナ英語の矯正はスピーキングにおいても重要です。

ACTION!

カタカナ英語の正しい発音を集中的に覚え直そう

SECTION

08

リスニング

英語はスペリング通りに発音されるわけではない

音声変化に慣れよ！

私はひとりっ子でしたが、近所の子どもたちと兄弟のように遊びながら育ちました。その子どもたちのなかにビートルズが大好きな先輩がいて、よくその先輩の家で彼のお父さんのビートルズのレコードを聴かせてもらったものです。

その先輩と一緒にレコードを聴いているとき、先輩はサビのところで、「ワギュウマ」「ワギュウマ」とノリノリで歌っていました。そのころから、「一体、この『ワギュウマ』という言葉は、どういう意味なのだろう?」というのが、私にとってひとつの謎でした。

「ワギュウマ」の謎が解明できたのは、大学生のときです。これはビートルズの名曲『ツイスト・アンド・シャウト（Twist and Shout）』の一部で、〝work it on out〟という歌詞でした。〝work〟の〝k〟という子音と、〝it〟の〝i〟という母音がくっつき、「ワーキッ」となります。また、〝it〟の〝t〟という子音がクセモノで、うしろの母音とくっつくとラ行のような音に変化します。さらに〝on〟の〝n〟という子音がうしろの母音とくっついて、「ワキッロンナウ」のようになってしまうわけです（86ページ図参照）。

これが謎の「ワギュウマ」の正体でした。しかし、この「ワキッロンナウ」がどうして「ワギュウマ」なのかは、いまだに謎のままです。**人間の耳は奥が深いですね。**

〝Would that be all?〟はどう聞こえる？

似たようなエピソードはまだまだあります。大学時代、アメリカに旅行したときのことです。ウエストバージニア州の小さな農場でハチミツを買いました。そのとき、レジのお姉さんから急に「うだっぴょん？」と聞かれました。何度聞き返しても、「うだっぴょん？」としか聞こえません。

「たしか小学生のときに、そんなあだ名の先生がいたなあ」ということを思い出したものの、そのあだ名をアメリカ人のこのお姉さんが知っているはずもありません。

一緒に旅行していたアラブ人に聞くと、〝Would that be all?〟と言っているとのこと。しかし、私には「うだっぴょん」としか聞こえませんでした。

その理由はこうです。

まず、〝Would〟の終わりの〝d〟の音と、それに似た〝that〟の〝th〟の音がくっついて、「ウダッ」のようになります。また、〝all〟のように、語尾の〝ℓ〟は、カタカナの「ル」のようには発音されず、「ウ」のような音になります（86ページ図参照）。この、**うしろに母音が来ない〝ℓ〟は、私自身、英語の音に慣れるまでなかなか聞き取れませんでした。**そのため、〝cold〟と〝coat〟というような単純な聞き分けにもえらく苦労したものです。

知っている単語でも、まったく違う音に

もうひとつ、大学時代のエピソードです。

どこかの露店で買った指輪をして学校に行ったことがありました。一番前の席に座っていると、先生から「ナイッ、レイン」と言われたのです。

「ナイッ」は〝nice〟だとだいたい見当はついたのですが、その次の「レイン」がわかりません。「レイン？　今日は晴れているんだけどな……。先生は何のことを言っているんだ！」と思わず固まってしまいました。

先生もいちいち説明するのが面倒だったようで、それ以上は何も言いませんでした。

単語はつながって変化する

リエゾン

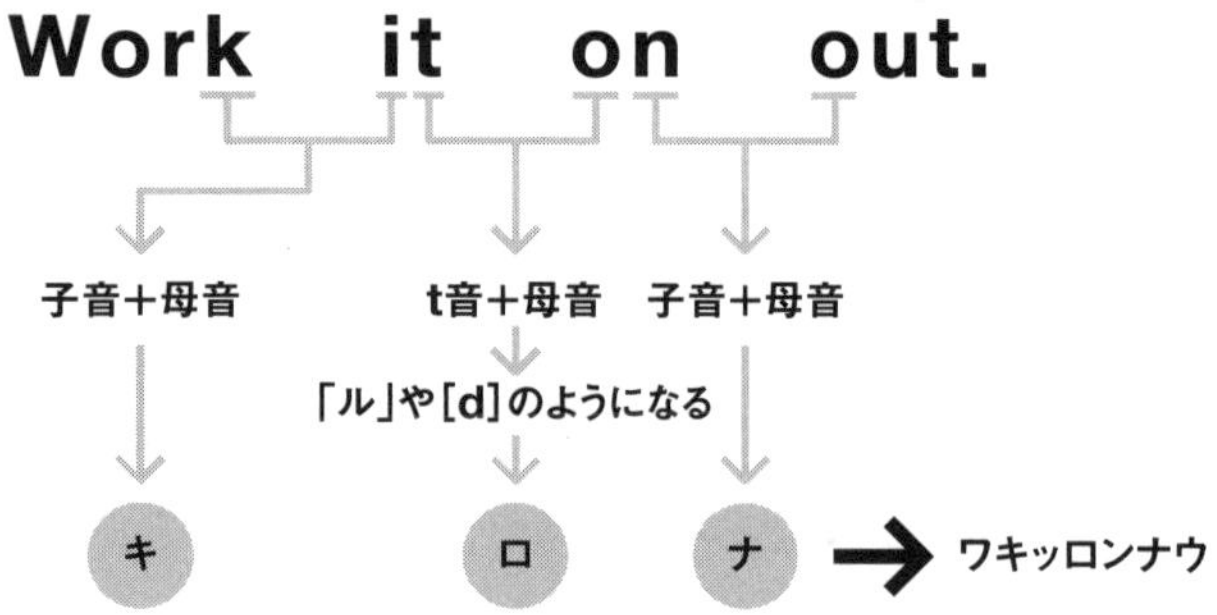

弱化と暗いL

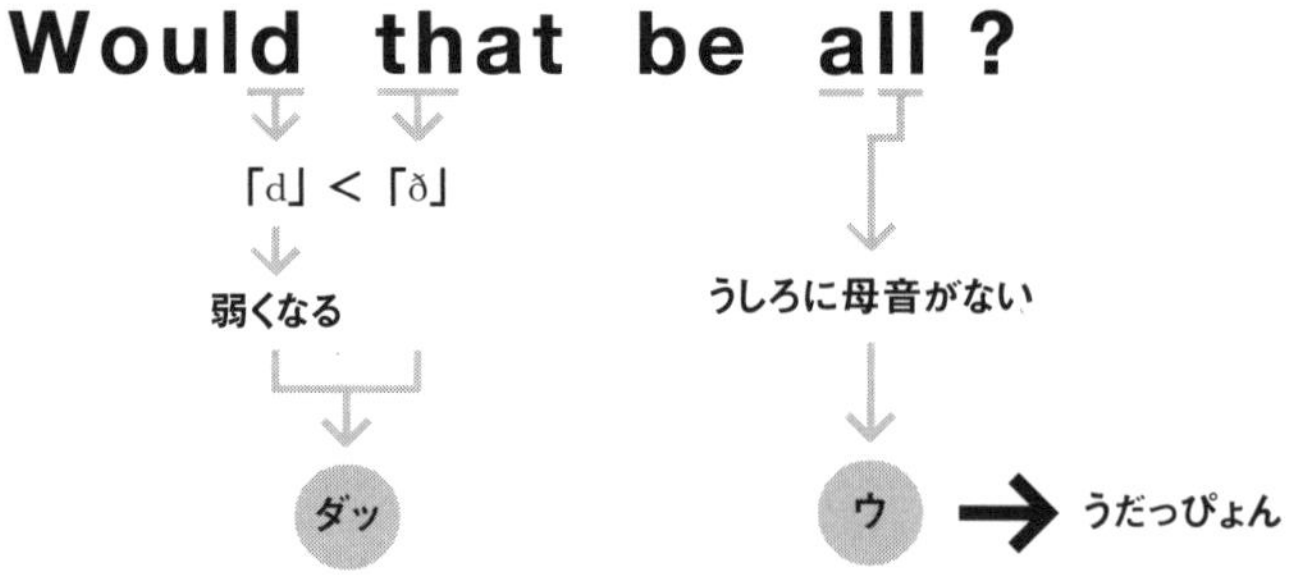

そのため、その「レイン」がその日の私の謎となりましたが、後でそのときの状況を考えてみると、先生は〝ring〟と言っていたのだと気づきました。

日本人はカタカナふうに「リング」と発音しますが、〝ng〟で終わる単語では、語尾の〝g〟はあまり聞こえず、鼻にこもったような音になります。私には〝ring〟と〝rain〟の区別ができていなかったわけです。

日本人がなかなか英語を聞き取れない大きな原因は、このように**英語の文字の並び方を見て私たちが想像する音と、実際に発音される音に大きな差があるためなのです。**

ACTION!

英語の音声の「謎」を知れば、聞き取れるようになる

SECTION

09

リスニング

英語独特の音の「つながり」や「変化」を理解する

単語と単語はつながって発音される

英語が聞き取れるようになるためには、英語の発音の法則を知り、想像する音と実際の発音とのギャップを埋めていかなくてはなりません。

その大前提として、まず確認していただきたいのが**「英語は単語ごとに区切って発音されるわけではない」**ということです。

テキストに印刷されている英語は通常、単語ごとにスペースを空けて表記されていますね。日本ではまず英語を読む勉強から入りますから、日本人はどうしても、単語と単語を区切って発音するように思いがちです。かつての私自身もそうでしたが、単語と単語の間で一拍おいて、分けて読むクセがついてしまいます。

Would you like some coffee?

であれば、「ウッド／ユー／ライク／サム／コーヒー」と読んでしまいます。

このため、リスニングに際しても、日本人は単語ごとに一拍おかれて音声が聞こえてくるものと思いがちです。

ところが実際に英語が発音されるときは、**単語と単語の間のスペースは消えて、単語と単語がつながって読まれます。**たいていはひとかたまりの意味「センスグループ」ごとに一息で読まれます。先ほどの〝Would you like some coffee?〟であれば、たいてい一息です。

Wouldyoulikesomecoffeeという感じです。

ウッド・ユー・ライクではなく「ウジュライ」に聞こえます。つまり、単語と単語がつながって発音されて、単独で発音されていたときとは異なる音が生じるのです。だから聞き取れなくなってしまいます。

英語は単語ごとに発音されるのではなく、センスグループごとに単語と単語がつながって発音されること、そのことによって、音にさまざまな変化が生じるのだということを頭に入れましょう。

単語がつながることによる発音の変化には5つのパターンがある

単語がつながることで音が変化してしまうということは、英語を聞き取るためには無数にある単語と単語のつながりによる音の変化を覚えなくてはならないのだろうか？　と絶望的な気分に襲われた方、どうかご安心ください。

じつは、**単語のつながりによって生じる音の変化は5パターンに分けられます**。つまり5つのパターンの音声変化を学び、聞き方の練習をすれば、これまで不思議な音の連なりに聞こえていた英語が、言葉として聞こえてくるようになるのです。

①リエゾン

子音で終わる単語と母音ではじまる単語が連続して発音されるときに、それぞれ個別の発音では存在しなかった音が現れることをリエゾンといいます。これは、主に語尾の子音と、語頭の母音がつながることによって起こります。音が、スペースを飛ばしてつながってしまうわけです。

たとえば〝look up〟は「ルカッ（プ）」、〝tell us〟は「テラス」というように、つながって発音されます。

②同化（assimiration）

Yではじまる単語は、その前の単語の語尾の子音と合わさって別の音をつくります。たとえば〝would you〟では〝would〟の〝d〟とyouの〝y〟が合わさることで「ウッド・ユー」ではなく「ウッジュー」と発音されます。

このように前の単語の語尾の子音とYが合わさって別の音が合成される現象を「同化」（assimiration）と呼びます。

代表的な同化はこのほかに

・miss you→ミッシュー
・did you →ディジュー
・meet you→ミーチュー

などがあります。

③弱化・脱落

前の単語の終わりの子音と次の単語のはじまりの子音が同じか、あるいは非常に似た発音の場合、後ろの子音が強くなり、前の子音がほとんど聞こえなくなる現象があります。

これを弱化・脱落と呼びます。

たとえば〝some more〟では前の単語の〝m〟が弱体化してうしろの単語とつながり、「サモーア」と聞こえます。

〝white telephone〟も前の単語の〝t〟が弱体化して「ホワイテレフォン」と聞こえます。

早口で話すと単語の最初の〝h〟音が聞こえなくなることがあります。

そのため、〝ask her〟は「アースカー」に近い音になって、〝h〟音がほとんど聞こえなくなることがあります。

④弾音化（フラップT）

アメリカ英語特有の現象として、前の単語の語尾が〝t〟で終わり、その後につづく単語が母音ではじまる場合、〝t＋母音〟でDの音やラ行の発音に近くなることがあります。これを「弾音化（フラップT）」と呼びます。
たとえば〝get it out〟はイギリス英語では通常のリエゾンで「ゲッティッタウ」といった感じに発音されるのですが、アメリカ英語では〝get〟の〝t〟と〝it〟の〝t〟がラ行またはDの音に近づくため「ゲリッラウ」「ゲディッダウ」と聞こえます。

このほか〝cut it out〟もアメリカ英語では〝cut〟の〝t〟と〝it〟の〝t〟がそれぞれラ行に近い音で発音され「カリラウッ」と聞こえます。

弾音化では、つづりにはない音が発音されるので、最初は聞き取りが難しく混乱するでしょう。こうした発音の変化が起こることを知っておくことが大切です。

昔、中森明菜さんが「ゲラッ！　ゲラッ！」って歌っていましたね（少なくとも高校生の私にはそう聞こえていました）。

⑤口語の短縮形

映画やテレビドラマ、英語の歌の歌詞にしばしば登場するのが、口語の短縮形です。たとえば〝want to〟は〝wanna〟（ワナ）、〝going to〟は〝gonna〟（ガナ）と発音されます。日常会話にもしばしば登場しますので、覚えてしまいましょう。

このほかの口語の短縮形としては〝have got to〟が〝gotta〟（ゴッタ）、〝because〟が〝cos〟（コズ）、〝cause〟（コウズ）となることがよくあります。〝wanna〟などは正式な英語とはされず、ネイティブスピーカーにも認めない人がいます。しかし、とくにアメリカではほとんどの人が使っていて、最近ではＴＯＥＦＬのリスニング問題の大学教授のセリフのなかにも出てくるほどです。

これら単語のつながりによる音の変化の5つのパターンを、ネイティブの発音で聞いてよく練習しましょう。またネイティブをお手本に、発音練習することも大事です。やがては音声の変化が正しく聞き取れるようになります。

ACTION!

単語のつながりによる5パターンの音の変化を学べば英語が言葉として聞こえる

SECTION

10

リスニング

単語には弱く、速く読まれる「弱形」がある

同じ単語でも発音の異なる場合がある

英語のリスニングにおいて、単語と単語がつながって発音されることによる音の変化のほかに、もうひとつ注意すべきことがあります。それは単語の「強形」と「弱形」です。

単語には強く発音される強形と弱く発音される弱形があります。文の内容に関わる言葉「意味語」は、強く強形で発音されます。一方、弱形で発音されることが多いのは、代名詞や、be動詞、助動詞、前置詞、接続詞、関係詞といった「機能語」です。

同じ単語でも発音が異なる場合があるのです。

疑問詞や関係代名詞の〝who〟を辞書で引いてみましょう。発音記号には強形の

「huː」と弱形の「hu」「uː」「u」があります。

発音はひとつではないのにも関わらず、学校で初めて〝who〟という単語を学んだときには、強形で「フー」と覚えたのではないでしょうか。だから〝who〟は「フー」と発音すると皆さん思い込んでいますが、実際には、関係代名詞などで使われるときは、弱形で「ウ」のような音で発音されることがほとんどなのです。

〝Who came here yesterday?〟（誰が昨日ここに来たんですか）

のように、「誰が」という意味が強調される場合は、強形で発音されることが多いでしょう。

しかし、〝It was my father who came here.〟（昨日こちらに来たのは私の父です）のような関係代名詞の〝who〟は弱形で「ウ」のように弱く発音されます。

多くの方はこうした弱形、強形の発音の違いをよく知らないので、弱形の発音のところで強形の音を期待してしまい、聞き取れなくなってしまうのです。弱く速く読まれる弱形の言葉は実際、聞き取りにくいものです。

しかし心配する必要はありません。

弱形で発音されるのは文と文との接着剤のような役割をする機能語で、もともとあまり重要ではない語です。たとえ機能語が聞き取れなくても、文中で重要な意味を持ち強く発音される意味語の部分が聞き取れていれば、全体の内容は理解できます。聞こえなくても全体の流れで意味を推測できるからこそ、弱く読まれているわけですね。そこに強形の発音を期待して、すべてを頭のなかでつなげようとするから、混乱してしまうわけです。

大事なのは速く弱く読まれた部分は「弱形」なのだと理解すること。弱形が聞き取れないからと焦らず、強くはっきり発音されている部分をしっかり聞き取って、意味を理解するようにしましょう。

なお、**弱形でとくに注意すべき言葉は〝can〟です**。強形の場合は「キャーン」という発音になりますが、弱形ですと「カン」「クン」といった音になります。そしてほとんどの場合は弱形なので「カン」「クン」と発音されます。

〝can〟が強く読まれるのは〝Yes! We can.〟〝because I can.〟のように「できる」ことに大きな意味がおかれる場合だけです。

〝can〟を「キャーン」と強く発音することは滅多にありません。そのことを知らないで、学校で習った通りに「キャーン」と発音すると〝can't〟という否定形に取られてしまいます。このような強形と弱形の区別は、聞き取りだけでなく、スピーキングでも大変重要です。

ACTION!

弱形は聞き取れなくてもOK。強く発音される意味語を確実に聞き取ろう

SECTION

11

リスニング

体を動かして、イントネーションの波長を体得する

英語のリズムに合わせて体を動かしてみる

英語が聞き取れない原因のひとつに、日本語とは大きく異なる英語のイントネーションがあります。

リスニングの勉強をはじめたばかりのころ、私はあまりに聞き取れないので、スピーカーに耳をつけてみたり、音を大きくしてみたりしました。しかし、状況は一向に変わりません。

そんなとき、CNNニュースを眺めていてあることに気がつきました。**英語を読んでいるアナウンサーの肩が、上下にリズミカルに動いているのです。**

そこで、私も英語を聞きながらリズムに合わせて体を揺さぶってみたり、箸で机をトントンとたたいてみたり、「ウーウー」とハミングしてみたりしました。

そうしたことをつづけているうちに、徐々にですが、英語のイントネーションに慣

れていったのです。

ラップの練習で、英語のリズムへの抵抗感がなくなる

私が大学生のころは、日本でラップソングが流行しはじめた時期で、アメリカ大好きな人が集まる英語学科では、Run D.M.Cというグループのアルバムがはやっていました。

「ラップってかっこいいなー。歌えたらすごいなー」と思い、私も歌詞を片手に練習。"It's Tricky"という歌を、ムチャクチャな発音でですが、歌えるようになりました。

このときの練習で、どうもイントネーションの壁を破ることができたようで、英語のリズムへの抵抗が急になくなりました。

体を使ったり、歌ったりすることで、英語のリズムを体得することも、リスニング力やスピーキング力の向上のためには重要なポイントなのです。

ACTION!
ラップや歌で英語のリズムを体得しよう

SECTION

12

リスニング

聞き取れない理由には、ボキャブラリー不足もある

意味がわかって、正しい発音ができて、はじめて聞き取れる

「発音できない」音も聞こえませんが、「知らない」単語や表現も聞こえません。音以前の問題で、単語を知らなければ、何度聞いてもわかるはずがないのです。

たとえば、"indictment"（起訴）[indáitmənt] という単語を知らなければ、いくら音で聞いてもこの単語を理解することはできません。さらに、たとえ知っていても、「インディクトメント」のような間違った発音で覚えていれば、やはり理解できません。

つまり、意味を知っていることと、そして「インダイッマンッ」という正しい発音を知っているというふたつの条件がそろったときに初めて、この音を聞き取ることができるのです。

このように、**リスニングには、音を聞き取るという「音声的側面」のほかに、意味がわかるという「意味的側面」があります。**

リスニングの2つの側面

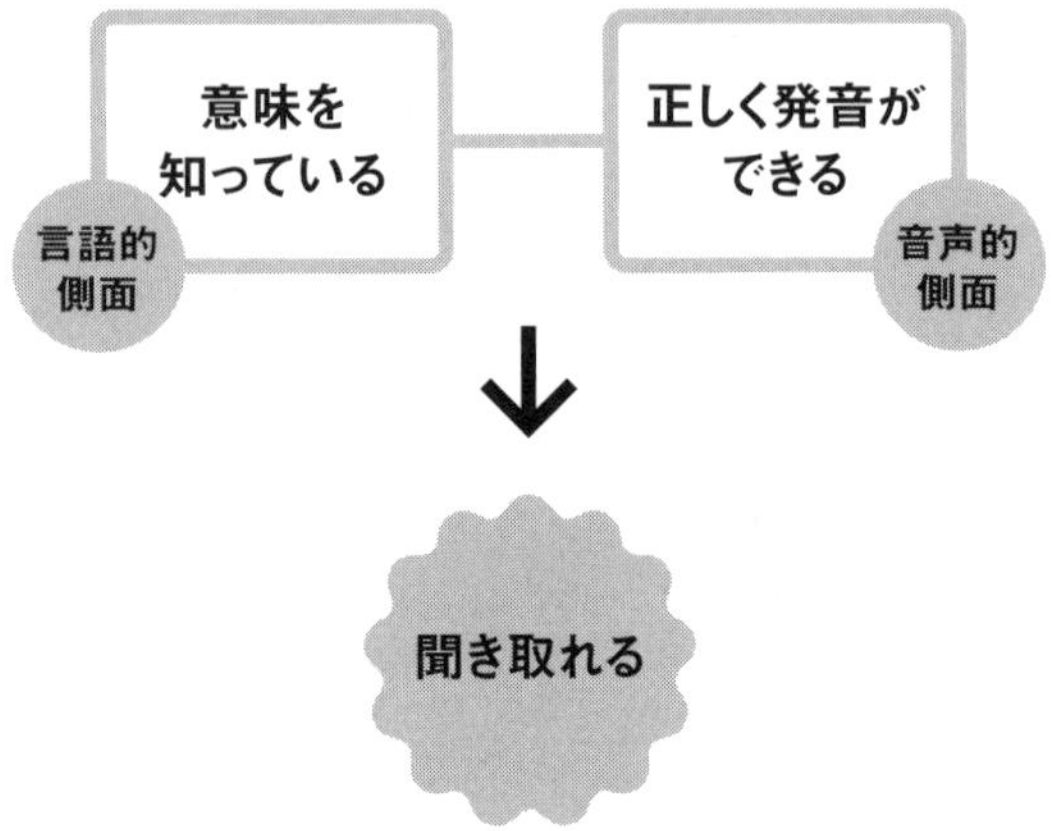

アメリカの本屋で聞かれた"Paper or plastic?"の意味は？

以前、私がカリフォルニアの本屋さんで本を買ったとき、レジのお姉さんからいきなり"Do you need a bag?"と言われたことがあります。

音としては聞こえるのですが、そのとき私は"bag"は「カバン」だと思っていて、商品を入れる「袋」としての"bag"の意味を知りませんでした。そのため、「えっ、『カバンはいかがですか？』って言ってるのかな……」と固まってしまいました。すると店員さんは、"Never mind."（気にしないで）と言い、今度は"Paper or plastic?"と質問してきました。これも、音はわかるのですが、「えっ、なぜ、プラスチック?」と〝plastic〟の意味がわかりません。またもや固まってしまいました。

この表現での〝plastic〟は「ビニール」という意味で、アメリカではよく「紙の袋にしますか? ビニールの袋にしますか?」と聞かれるのです。

結局、その店員さんは〝Never mind.〟と言いながら、本を紙袋に入れてくれました。〝戦い〟に負けた私は悔しい思いで本屋さんを後にしました。

私たちは、リスニングに関しては、音だけに問題があると勘違いしてしまいがちなのですが、じつは、単語や表現を知らなくても、英語は聞き取れないのです。つまり、**リスニング力をアップするには、知っている単語や熟語を増やしていく必要もある**ということです。

なお、語彙《ごい》を増やす方法については、第6章で詳しく述べていますので、そちらを参照してください。

ACTION!

知らない言葉は聞き取れない。語彙力もリスニングには必要だ

私のオススメ教材リスト　——リスニング編——

初〜中級

『英語の発音がよくなる本』（巽一朗・著／KADOKAWA 中経出版）

『英語の発音が正しくなる本』（鷲見由里・著／ナツメ社）

「ロゼッタストーン」（http://www.rosettastone.co.jp/）

リスニングや発音、会話のトレーニングができるオンラインサービス（ダウンロード版あり）。ネイティブスピーカーともネットを通じて会話できる。

「えいご漬け」CD-ROM

簡単にディクテーションができるソフト。パソコンのアイコンをクリックするだけですぐにディクテーションがはじめられる。ニンテンドー DS 版やスマホ用アプリもある。

［発売］**プラト**（http://www.plato-web.com/）

中〜上級

『ENGLISH JOURNAL（イングリッシュ・ジャーナル）』（アルク）

「超字幕」シリーズ

映画を観ながら字幕の穴埋めをする、ゲーム感覚で楽しめる教材。Windows 版と iPhone ／ iPad 版がある。

［発売］**ソースネクスト**（http://www.sourcenext.com/）

CHAPTER3

スピーキング

英語の「話す力」をアップする

SECTION

01

スピーキング

「ネイティブスピーカー幻想」を捨てる

日本語通りに英語で言おうとするから、話せない

日本人の多くが、「いざ英語で話そうと思っても、それに合う英語の表現が思いつかない」とよく言います。そのため、外国人に話しかけられても、ひたすら口をアングリさせている状態になってしまうのです。

はっきりいって、ネイティブスピーカーでもない日本人が何年か勉強したところで、微妙なニュアンスを伝えられるようになるのはムリです。それは、それでよいのです。**私たちは、日本語という素晴らしい言語を話す「ネイティブスピーカー」であり、英語はあくまでも「外国語」なのですから。**

帰国子女でもないかぎり、ふつうの日本人が何年か英語を勉強したくらいで、ネイティブみたいに話せるはずがありません。

私なんて、20年以上も英語を専門的に勉強し、英語で仕事をしたり、英語の小説を

書いたり、試験でも高い点数を取ったりしていますが、それでもネイティブのような完ぺきな英語を話すことはできません。日本で何年も活躍し、流ちょうな日本語を話す外国人タレントのみなさんも、外国語なまりはなかなか抜けませんよね。

ネイティブスピーカーみたいには話せなくてもよい

はたして、ネイティブスピーカーのような完ぺきな英語を話す必要などあるのでしょうか。私は、その必要性を大きくは感じません。

それが、20年以上、英語の専門家として仕事をしてきた私の結論です。

ネイティブの発音や話し方をまねて、練習をすることは大事です。しかしそれは、「ネイティブかと思われるような英語」になることを目指すためではありません。世界中の人がモデルとしているネイティブの発音をお手本とすることで、世界の誰が聞いてもわかりやすい英語を話せるようになるためです。

日本語のネイティブスピーカーである日本人が、「外国語」として英語を学ぶわけです。「ネイティブスピーカーのように英語を話せるようになりたい」というのは、ふつうのビジネスパーソンが、週に3回の練習で「プロゴルファーになりたい」という目標を掲げているのと同じです。そして、ビジネスのつき合いでゴルフをやるのにプロレベルである必要はありません。とりあえず、ある程度のレベルまで、ゴルフができるようになっていればよいですね。英語もそれと同じことなのです。

標準米語は、世界の英語のなかの少数派である

よく考えてみると、現在、日本人が理想としているネイティブ英語とは、世界に3億5000万人くらいいるといわれる英語を母語とする人たちのなかの、アメリカ合衆国、それも、中西部からカリフォルニア西海岸あたりまでと東海岸の一部に住む裕福な人々たちが話す「標準米語」です。

しかし、英語を使っている人々の多数派は私たち同様のノンネイティブです。**じつは、理想的なネイティブ英語を話す人は、英語を使う人々のうちで、ほんの数パーセントなのです。**アメリカでも、この「標準米語」を話している人ばかりではありません。多くの日本人がマスターしなければ笑われると思い込んでいる「ネイティブスピーカーの英語」とはそういう英語なのです。

世界を見渡せば、インド人もシンガポール人もオーストラリア人も、英語を公用語として使っています。あなたが英語で会話をする相手は、もしかすると英語を母語とするネイティブスピーカーよりも、中国人や韓国人のような非英語圏に住むノンネイ

日本人の目指す「標準米語」は少数派

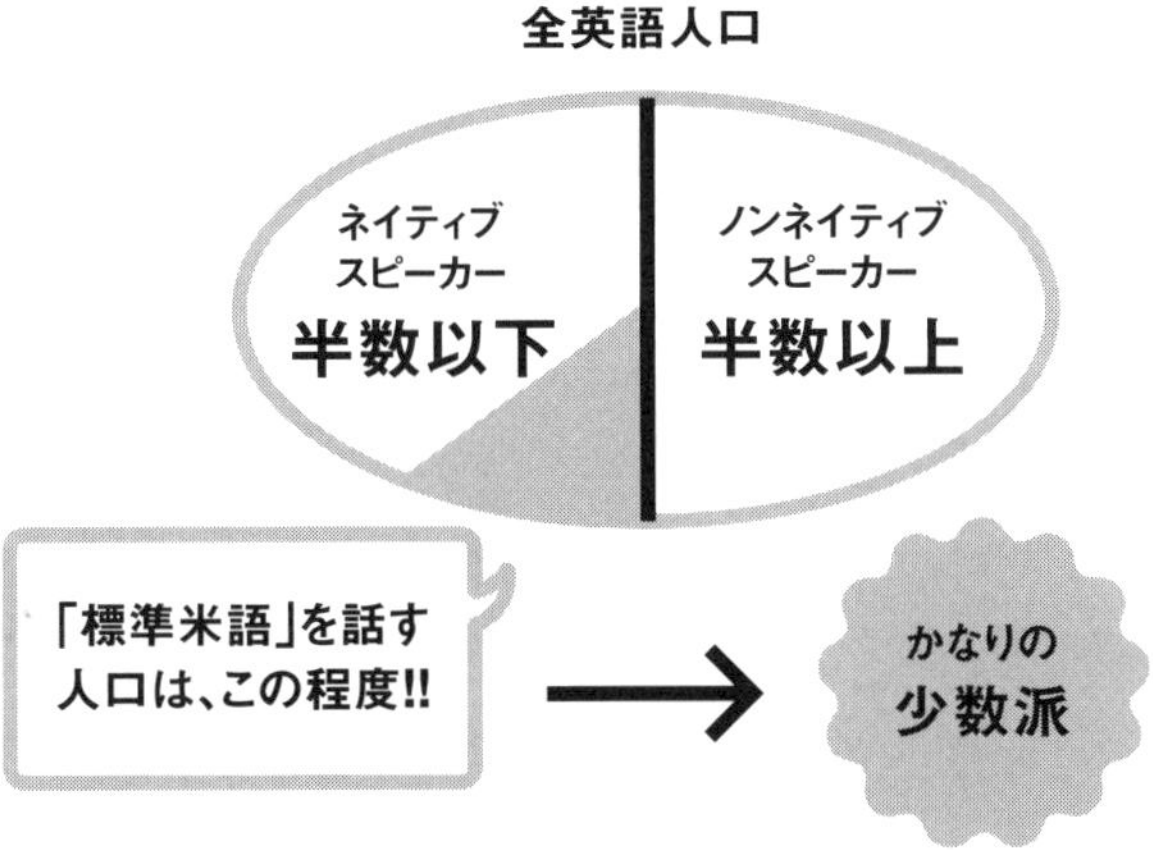

ティブのほうがはるかに多いかもしれません。

非英語圏に旅行に行った際でも、現地の人との会話はやはり英語が中心になります。

「国連の英語」を目指そう

そう考えると、ネイティブ並の高度な言いまわしで悩むよりも、最低限の意思疎通ができる程度の英語をマスターするほうが、とても重要なことだと考えられます。そこで、みなさんに目指してほしいのは、国際連合で使われているような英語です。

国連で交わされる言葉は大半が英語ですが、そこで働く人たちの大半は英語を母語としません。そのため、そこで求められるのは、**「気の利いた言いまわし」では なく、「確実に通じる英語」です。**

つまり、内容は理路整然としているものの、難しい単語はほとんど使わず、発音は「標準米語」のようではありません。ときに文法の間違いもあります。そうした「国連の英語」で、そこに集まる人たちは会話し、十分にコミュニケーションを取り、それぞれの意見を主張し合っているのです。

日本人は、少数派の「標準米語」レベルの英語だけを追い求めるのではなく、こうした「国連の英語」を目指して勉強していくべきだと私は考えています。

逆に、米国人ネイティブのスラングっぽい表現を、国際会議のような場で使うと、参加者が理解できないこともあるでしょう。それは「アメリカに住む一部の人々の方言」のようなものなのです。「ネイティブスピーカーの英語を話せなければならない」という脅迫観念に縛られるのは終わりにしましょう。

ACTION!

確実に通じる「国連英語」で堂々とコミュニケーションしよう

SECTION

02

スピーキング

日本人が話す英語は「シンプルパターン」がいい

目標は、単純な「型」を条件反射で使えること

いろいろな国の人が混じった国際会議で使われている英語は、わかりやすい単語やフレーズが使われ、簡潔で明解です。凝ったレトリックも用いられません。いってみれば、英語の「シンプルパターン」です。この「シンプルパターン」を使いこなすことこそが、日本人のスピーキング力を飛躍的に伸ばす鍵となります。

シンプルパターンとは、「高校1年生くらいまでに習った英語の『型』をすばやく使いこなせるようになったもの」と考えればいいでしょう。

単純な「型」を条件反射的に使えるようにし、そこに多くの表現や単語を組み込んでいくことによって、自分の意思を表現していきます。

たとえば、〈I'd like to＋原形動詞〉というパターン。「原形動詞」以降の部分に、

〝make a call〟〝have a drink〟〝see a doctor〟〝study English〟〝meet a friend〟など、状況に応じて単語、熟語を入れ替えていくわけです。

「そんなにシンプルにしてしまっては、言葉の微妙なニュアンスが伝えられない」と不安になる人もいるでしょう。

しかし、ネイティブスピーカーでもないのに、初級者や中級者のうちから微妙なニュアンスを伝えることなどまず無理です。最初は、一番伝えたいメッセージがしっかり伝わればよしとしましょう。

日本語を単純化し、シンプルパターンを当てはめる

たとえば、「水が飲みたい」と伝えたい場合、日本語だったら、「お水をもらえますか?」「お水を飲みたいのですが……」「お冷をください」「のどが渇いたのですが……」など、いろいろな表現を思いつくことでしょう。

でも、英語でいろいろな表現を駆使することは、初級者や中級者には無理な話です。「『ください』だから〝give me〟に変えたほうがいいかな。それとも、〝serve〟を使ったほうがいいかな」なんて考えるから、話せなくなるのです。

要は、「水が飲みたい」という意図を伝えられればいいのです。

このプロセスで英語が口からスイスイ出る

STEP1 日本語を単純化する

・お水もらえますか?
・お水を飲みたいのですが……
・お水、ありますか?
・お冷をください
・のどが渇いたのですが……

→ 単純化 → 水が飲みたい

↓

STEP2 英語のシンプルパターンに当てはめる

シンプルパターン

～したい = I' d like to + 原形動詞

→ I' d like to have a glass of water.

↓

STEP3 状況に応じて「原形動詞」以降の部分を入れ替える

I' d like to + 原形動詞

make a call.
have a drink.
see a doctor.
study English.
meet a friends. …など

その場合、〈I'd like to＋原形動詞〉のシンプルパターンを使って〝I'd like to have a glass of water.〟と言えば伝わります。初級者レベルのうちは、〝a glass of〟をつけないで、〝I'd like to have water.〟でもかまわないでしょう。

ひとつひとつの表現に対して、個別に英語を与えようとしていれば、英語を10年勉強していても、「何で私は英語が話せないんだろう」となってしまいます。スピーキングにおいて重要なのは、日本語を単純化し、英語のシンプルパターンに強引に当てはめることです。

たとえば、「何かしたいときには、〈I'd like to＋原形動詞〉しか言わない。それ以外の表現は一切使わない」というくらいに割り切ることです。

こうした姿勢こそが、初心者が英語を話せるようになるコツなのです。

ACTION!

言いたいことはすべてシンプルパターンに当てはめて言ってみよう

SECTION

03

スピーキング

日常会話に必要なシンプルパターンは、100〜200

高校1年生までの文法を復習してシンプルパターンを増やす

シンプルパターンは、中学〜高校1年生までの文法を勉強することで増やしていくことができます。この範囲の「文法」を勉強すれば、**100〜200程度のシンプルパターンをストックすることができるのです。**これだけあれば、「とりあえず話せる」というレベルにはなれるでしょう。

第1章でも述べたように、「文法」は、英語を母語とする人たちが子どものころに10年近くもかけて自然に習得したことを、数カ月で勉強できてしまう便利なツールです。これを利用しない手はありません。書店の参考書売り場で、一番簡単そうな英文法の問題集・参考書を選ぶようにしてください。

英語の研究者や専門家を目指すのでなければ、大学受験で求められるようなマニアックな知識は必要ありません。よくあることですが、あまり深入りしてしまうと、細かいことが気になって、逆に話せなくなってしまいます。

参考書の例文は、繰り返し音読する

参考書等をひと通りやり終えても、そこで終わりではありません。この時点では、文法のだいたいのルールを「理解」できただけ。言語の学習において「理解」は大切ですが、そこで止まっていては、いつまでたっても話せるようにはなりません。

学んだ文法をスピーキングにつなげていくには、参考書の例文や解答文を何十回も音読し、一瞬で口から出てくるようになるまで暗誦することです。

ぜひ加えてほしい練習が、言葉を入れ替えていく「パターンプラクティス」と「文型を変えるプラクティス」です。

言葉の入れ替え練習では、たとえば〝It's important for students to study English more.〟（学生にとってもっと英語を勉強することが重要だ）という文であれば、形容詞や原形動詞などを変えて、〝It's difficult for Chris to pass the test.〟や〝It's necessary for you to come early.〟などとさまざまな意味の文章をつくってみましょう。

繰り返しやっていくうちに、〈It is＋形容詞＋for＋人＋to＋原形動詞〉といったシンプルパターンが必要に応じて条件反射のように口から出てくるようになります。

また言葉を入れ替えて文章を考えること自体がスピーキングのよい練習になります。

文型を変える練習では、同じ文を疑問形や否定形、過去形などに変えていきます。

〝I jog in the park〟という文だったら
〝Do you jog in the park ?〟

〝I don't jog in the park .〟

〝I jogged in the park.〟〝Did you jog in the park?〟

など、さまざまな文型に変えてみましょう。疑問形や否定形、時制による動詞の変化は誰もが理解しているはずなのですが、実際に話そうとすると、英語を話し慣れていない人は、動詞を即座に適切な形にできないことが多いのです。練習あるのみです。

スムーズに言い換えができるまで、繰り返しやりましょう。

シンプルパターンが、必要に応じてスラスラと出るようになってくれば、もうそれなりに会話をできるようになります。


ACTION!

シンプルパターンが条件反射で口から出てくるように、反復練習を続けよう

SECTION

04

スピーキング

自分のための「頻出」シンプルパターンをストックしよう

誰もが使う頻出パターンをまず覚える

さて、必要な表現、よく使う表現は人によって異なりますが、一方で誰もがよく使う頻出パターンもあります。最優先でストックしておくべきパターンです。そうした例をいくつか紹介しましょう。

自己紹介に関する表現

旅行先やビジネス、あるいはパーティーなど、初対面の人と出会うシーンで必要になるのが自己紹介の表現です。名前やどこに住んでいるか、仕事は何をしているかなどが言えれば、相手もレスポンスしやすく、簡単にちょっとした会話ができます。

例文の〜に入る言葉を考えて、**自己紹介表現シートをつくりましょう**。そして何度も音読練習をして、スラスラと言えるようにしてください。自己紹介だけでもスラスラ言えるようになると、英語を話すことへの敷居はぐんと低くなります。

・My name is ～（私は～です）

Everybody calls me ～, so please call me ～
（みんな私を～と呼んでいるので、～と呼んでください）

・I live in ～（私は～に住んでいます）

～ is famous for …（～は…で有名なところなんですよ）

・I work for ～（会社名、業界名）as a ….（～で…として働いています）

I study … at ～（学校名）（～で…の勉強をしています）

会話でよく使うパターン――要望、依頼、許可を求める表現

会話で非常によく使う表現パターンがあります。たとえば「要望」を伝える表現〝I'd like to ～〟は、レストランやお店での注文、仕事での打ち合わせ、友人や家族

との会話などさまざまな場面で使います。このほか、お願いをしたり、許可を求めたりなどのよく使うパターンについては、単語を入れ替えて言う練習をしておきましょう。

いくつかの例を紹介します。これを参考に、あなたが使いそうな具体的な状況を想定して例文をたくさんつくりましょう。そして口に出して言ってみてください。繰り返し練習するとパターンが定着して、必要なときにさっと出てくるようになります。また、いろいろなシーンを考えて例文をつくることで、スピーキングに必要な表現力、反射的に文章を考える力もついていきます。

ACTION!

自己紹介の表現を暗誦しよう!

シンプルパターンの例①

要望を伝える／I'd like to（動詞の原形）〜.

- **I'd like to use internet.**
  インターネットを使いたいのですが。
- **I'd like to work here.**
  ここで働きたいのですが。
- **I'd like to make an appointment.**
  アポイントを取りたいのですが。
- **I'd like to stay for two days.**
  ここに2日間宿泊したいのですが。
- **I'd like to have a cup of coffee.**
  コーヒーが欲しいのですが。

お願いする／Could you（動詞の原形）〜, please?

- **Could you send this package to Tokyo branch, please?**
  この小包を東京支社に送ってくださいますか。
- **Could you bring us some more ice, please?**
  氷をもっと持ってきてくれますか?
- **Could you tell me the way to the Tokyo station?**
  東京駅への行き方を教えてくれますか?
- **Could you give me a wake-up call at eight, please?**
  モーニングコールを8時にしてくれますか。

シンプルパターンの例②

許可を求める　Could I（動詞の原形）～?

- **Could I wait for him here?**
  ここで彼を待っていてもいいですか。
- **Could I come with you?**
  一緒に行ってもいいですか。
- **Could I talk about our new products?**
  私どもの新製品についてお話してもいいですか。
- **Could I record the presentation?**
  プレゼンを録音してもよいですか。

SECTION
05

スピーキング

シンプルパターンは覚えたそばから使っていく

使わなければ、反射力・動作力は鍛えられない

英語が話せるようになるには、100程度のシンプルパターンを頭にたたき込み、これをどんどん使ってみることです。ぬいぐるみに向かって話しても、ひとり芝居でもかまいません。

家や家具をつくるには、金づちやノコギリをそろえるところからはじめる必要があります。でも、「あれも必要、これも必要」と種類をそろえることばかりに気をとられてしまうと、一向に家も家具も完成しません。最低限、必要な数だけ集められたら、すぐ作業に取りかかるべきです。

英語のシンプルパターンもこれと同じです。「100パターンそろってから話そう」とか「自動的に口から出るようになってから使おう」では、いつまでたってもシンプルパターンは自動化されません。

覚えたシンプルパターンは覚えた端からどんどん使っていきましょう。間違えてもかまいません。使いながら直していきましょう。

現場で優先すべきは、「正確さ」よりも「伝わる」こと

もちろん、正確さを求める努力は必要です。しかし、正確さにこだわりすぎると、かえってすばやいコミュニケーションの妨げになりかねません。

たとえば、三単現の〝s〟を会話中でつけ忘れたところで、たいして問題にはならないでしょう。〝He like movies.〟と言っても相手には通じます。このようなミスは使いながら直していけばよいのです。

スピーキングの現場では、「伝わる」のが第一で、「正しい文法」は第二です。しかし多くの日本人は、その順番が逆になってしまっています。もちろん正しさは大事ですが、それは試行錯誤しながら身につけていけばよいのです。

ACTION!

英語を話す場で間違いは振り返るな。どんどん話そう

SECTION

06

スピーキング

「外国人なんだから、間違って当然」と開き直る

間違いを恐れるかぎり、英語を話せるようにはならない

使えるシンプルパターンが増えていくにしたがって、話せる内容も増えていくことでしょう。しかし、日本人の場合、それだけではなかなかスピーキング力のアップにつながらないことが多々あります。

というのも、**日本人のスピーキング力アップを阻んでいる原因は、技術的な面よりも心理的な側面が大きいからです。**この心理的な部分をクリアしていくことが、スピーキングの上達には欠かせません。

間違うと恥ずかしいから話せないという人がいます。けれども、この本を読んでいる人の多くは、帰国子女でもなければ、長期海外生活の経験者でもないわけです。間違って当然なのです。

それに、日本語のネイティブスピーカーであるみなさんも、ふだんの日本語で間違うことはあるでしょう。ですから、慣れない外国語で間違っても当然なのです。

だから、間違うことを恐れないでください。「外国人なんだから、間違って当たり前」と開き直りましょう。

他人の英語を「ここがまずい」と論評すると、あなたも話せなくなる

私の経験から、日本人が英語を間違えることを恐れる大きな原因として、まわりの目を気にしすぎるという心理があると思います。

そこには、「恥の文化」ともいわれる国民性が関係していると考えられます。

また、日本人同士ですぐに人の英語を論評することも、大きく影響しているのではないでしょうか。

まわりの人から「きみの英語、すごい日本人なまりだよね」とか「文法的には、今のような言い方しないよ」などと言われれば、誰だって英語を話す気がなくなります。

私自身、大学1年生のころ、25人くらいで輪になって会話をする英会話のクラスで、間違ってバカにされるのが怖くて発言できないという日々がつづいていました。そういう妙な羞恥心を持っているかぎり、英語はなかなか話せるようにはなりません。

こうした羞恥心をなくすには、**まずはあなた自身、人の英語を論評するのをやめることです。**そもそも、あなた自身が他人の英語についていろいろ論じるから、「自分も論評されているんだ」と思ってしまうのです。人の英語を論評しているかぎりは、あなたも「まわりの目」から脱却することはできません。そのことをしっかりと肝に銘じましょう。

他人のことをあれこれ言わなくなれば、自分自身がどう思われているのかも気にならなくなります。その結果、言いたいことだけに集中できるようになるのです。

ACTION!
他人の英語についてはノーコメントを貫け

SECTION

07

スピーキング

ジャパニーズイングリッシュのほうが、海外では人気者になれる⁉

東洋人風のなまりは、ミステリアスで魅力的⁉

前項で、日本人が英語をなかなか話せるようにならない理由として、間違いを恐れるからという話をしました。

そもそも、**ネイティブスピーカーだって、日本人が完ぺきな英語を話せるとは思っていません。**

それに、思い切り〝日本人顔〟の日本人が、めちゃくちゃ上手な英語をしゃべったら、ネイティブスピーカーにしてみればかわいげがありません。多少間違えるくらいでいいのです。私はそう信じています。

また、ノンネイティブなのだから、ちょっとはなまりがあったほうが魅力的だと思いませんか？　日本人の顔をして東洋人風のなまりがある女性は、ミステリアスで魅力的じゃないですか。それが、思い切り日本人顔で、アメリカ人みたいな英語を話していたら、せっかくのオリエンタルな魅力がなくなってしまいます。

日本人として日本で生まれたという事実は死ぬまで変えられません。それなら、東洋の魅力を出しまくって日本人らしい英語を話したほうが、ネイティブスピーカーのように話す日本人より現地では好かれるでしょう。いや、好かれるに決まっています。少なくとも、私はそう割り切っています。

ジャパニーズイングリッシュを笑いのネタにしてしまえ！

実際、私も経験しましたが、現地では、英語での間違いをきっかけに笑いが取れたり、話が盛り上がったりすることがあります。こんなラッキーなことは生かさなければもったいない話です。

私もよく自己紹介のときに、〝Hi! My name is Jackie Chan. Just call me Jackie.〟などと東洋人丸だしのトボけたことを言ったりして、場を和ませています（顔がジャッキーチェンに似ていると外国人からよく言われるのです）。

コミュニケーションで大事なのは、相手を楽しませることです。

「ジャパニーズイングリッシュで、ネイティブスピーカーを楽しませてやる」くらい

の気持ちが大切です。

とくにアメリカでは笑いを取れる人は尊敬されます。アメリカ人は、ジョークの本を買ってまで相手をどう笑わせるかを研究しているくらいです。ジャパニーズイングリッシュを笑いのネタにしてしまうくらいの貪欲さを持ちましょう。たとえば、日本的な〝ninja〟〝harakiri〟〝samurai〟といった言葉を会話のなかに散りばめてもよいでしょう。まずは相手の心をつかむことです。

「間違えたらどうしよう」と恐れるのではなく、逆に「間違い」や「ネイティブスピーカーでないこと」を武器にするくらいの気持ちで、英語での会話を楽しんでください。

ACTION!

コテコテの日本人英語で笑いを取ろう!

SECTION

08

スピーキング

間違ってムッとするような外国人は、こちらから相手にしない

間違えて迷惑をかけたら、"I'm sorry."と謝ればいい

スピーキング力のアップには、間違いを恐れないことが重要です。

ところが、なかには、実際にでたらめ英語を話して、ネイティブにムッとされたとか、バカにされた、気まずい雰囲気になったという経験をお持ちの方もいらっしゃるでしょう。

実際、私自身もそうした経験があります。でも、そのときは、"I'm sorry."と謝ればいいのです。向こうだって、こちらが外国人だということはわかっているのですから、間違いとわかればすぐに許してくれるでしょう。

「間違って気まずくなったら、どうしよう」とか、「失礼があったらいけないし……」なんてことを考えてばかりいると、結局、永遠に話せるようにはなりません。

言葉というものは、どんどん使っていって、どんどん間違えていって、試行錯誤し

ながらできるようになっていくものなのです。

世界の人口は約71億人。そのうちのひとりに嫌われても気にしない

それに、こっちは一生懸命勉強して相手の国の言葉を話そうとしているのです。それを「ヘタくそだ」とか「もっと勉強しろ」とかゴチャゴチャ言うような不寛容な人とは、わざわざつき合う必要はありません。

少数かもしれませんが、日本に何年も住んでいながら日本語も話せないくせに、こちらがヘタな英語で話すとムッとするような人もいます。これっておかしいと思いませんか？　世界には71億人以上も人が住んでいます。そんな心の狭い人間とつき合う必要はないのです。

以前、私が英語を習っていた先生に、「英語で話をしたら、ネイティブからいやな顔をされたことがある」と話したら、先生が次のような言葉を言ってくれました。

〝Don't worry. You meet jerks everywhere. It's not your fault.〟

訳せば、「気にしない、気にしない。世界のどこに行ったって、いやな人間はいる

んだから、きみが悪いわけではないよ」。〝jerks〟とは、「バカ」とか「いやなヤツ」といった意味のスラングです。

英語のネイティブスピーカーにだっていろいろなタイプの人がいます。いい人もいればいやな人もいます。たまたま運悪くいやな人に遭遇してしまっただけで、そんな人からはすぐに逃げてしまえばいいのです。そう思えばとても心理的に楽になれます。

ノンネイティブとの会話で英語に慣れるのも手である

それでも、どうしてもネイティブスピーカーと話すのが苦手という人は、**ノンネイティブの外国人と英語で会話することからはじめてみるのもよいでしょう。**ネイティブスピーカーと対話するよりは気楽に話せます。

こうしたノンネイティブとの会話を繰り返すことで、英語を話すことに慣れていくとよいでしょう。

ACTION!

苦手なタイプはスルーして、気楽に話せる人と英語で話そう

SECTION

09

スピーキング

英語っぽい発音は、腹式呼吸の大きな声から生まれる

なかなか通じない理由は、声が小さいから

英語での会話を積極的にできるようになったときにぶつかるのが、自分の発した英語が通じないという「壁」です。日本人の英語がなかなか通じない理由のひとつに、日本人の声は小さいということが挙げられます。だから、英語を話すときは、大きな声を出すように心がけてください。そこでポイントとなるのが、腹式呼吸です。腹から低い声を出すのです。

たとえば、日本語で「佐藤さん。佐藤さん！」と人を呼ぶ場合は、あまり声が通りません。一方、アメリカ人が〝Ted. Ted!〟と呼ぶ声は、おなかの底から響いてくるような遠くまで届く声です。それはなぜかというと、**英語の発声では、腹式呼吸で声をおなかからぐっと出しているからです。**そのため低くてよく通る声になるのです。

英語は、おなかから出す腹式呼吸で発声しましょう。

外国人タレントの日本語のイントネーションをまねしてみよう

最近は、日本語が堪能なアメリカ人やイギリス人のタレントさんがたくさんテレビに出ています。彼らの日本語には、独特ななまりがあります。

そこで私が行っている、イントネーションの感覚をつかむちょっとした裏技とは、彼らの発音をまねして日本語を音読するという方法です。

彼らの独特なイントネーションは、英語の発声法をそのまま日本語に持ってきたときに生じるものです。よって、**彼らが日本語を話すときのイントネーションをまねすることで、英語の発声の感覚がわかります。**

「ワタシハ、アメリカカラ、ヤッテキマシタ」のようなリズムと抑揚で日本語を読んでみましょう。これを繰り返し行って慣れたところで、今度はそのままのリズムと抑揚で英文を読んでみます。すると、不思議と英語っぽく聞こえるようになります。

ACTION!
外国人タレントの日本語イントネーションをまねして英語を話してみよう

SECTION

10

スピーキング

英語は「宇宙の音」と思って、とことんまねる

言葉を母音で終わらせようとするから、英語っぽく聞こえない

日本語と英語とでは、音の構造が違います。ふたつの言語はまったく別のところで育った言語であり、**似たような音はあっても、厳密にいえば、同じ音はないのです。**ところが、そのことを無視して、無理に日本語の音を当てはめて発音しようとする人が少なくありません。

日本語は、どの言葉も母音（あいうえお）、もしくは子音と母音が組み合わさってひとつの音をつくっており、どれもすべて母音で終わります。

でも、英語はそうとはかぎりません。〝glad〟〝free〟〝true〟〝flood〟など、子音が連続することもあれば、子音で終わる単語もたくさんあります。

そのことを理解できていないと、日本語の「子音＋母音」のクセで〝glad〟なら「グラッド」と発音してしまいます。これではネイティブスピーカーには通じません。

発音記号は、英語版の「五十音」のようなもの

英語の音を日本語の音で理解しようとするのはやめましょう。「英語は宇宙の音」と割り切ってください。そこで発音記号の登場です。**発音記号は、その「宇宙の音」を体系化した、便利な英語版の「五十音」のようなものです。**

大学2年生で、発音記号をはじめて真剣に勉強したとき、私は「英語のスペリングは『表音文字』体系ではない」という事実に遅ればせながら気がつきました。

日本語には、ひらがな、カタカナという便利な表音文字があります。「やすこうち」と書かれていれば、ひらがなが読める人なら誰でも「やすこうち」と正しく発音できます。韓国語のハングルもそのまま読めば正しい発音になります。

一方、英語のアルファベットは、完全な表音文字ではありません。そのため、たとえば、〝know〟という単語を「クノウ」と発音するか、「ノウ」と発音するかは、読み方を知らなければわかりません。

これは、日本語でいえば漢字とよく似ています。「安河内」という漢字は、「あんこうち」と読む人もいれば、「やすがわち」と読む人もいます。大まかな読み方のルールはあるものの、知っている人にしか正しい読み方がわからないのです。

英語は表音文字ではない

		文字	読み方
表音文字である	ひらがな	やすこうち	やすこうち
表音文字である	カタカナ	ヤスコウチ	やすこうち
表音文字である	ハングル	야수코우치	やすこうち
表音文字でない	英語	know	クノウ? ノウ?
表音文字でない	漢字	安河内	あんかわち? あんこうち? やすかわち? やすこうち?

つまり、英語とはすべて「漢字」で書かれているようなものなのです。読み方には一定のルールがあるため、だいたいの想像はできます。結局、正しい読み方を知らなければ正しい発音はできないのです。

発音記号がわかれば、勉強時間を大幅に削減できる

そこで役に立つのが、英語の音を完全に表記できる発音記号です。英語は完全な表音文字ではないため、つづりに頼っているかぎりは正しい発音をマスターすることはできません。

たとえば、みなさんは〝moment〟という単語をどう読みますか？　たぶん「モウメント」と読んでしまうのではないでしょうか。しかし、この単語の正しい発音は[móumənt]で、語尾の〝-ment〟は[mənt]と読み「モウマント」のようになります。〝comfort〟という単語も、私たちはついついつづりにつられて、「コンフォート」のように読んでしまいがちですが、正しくは[kʌ́mfərt]と読み、「カンファート」のようになります。

〝Russia〟はつづり通りに読むと「ルシア」と読むのかなと思いますが、実際には[rʌ́ʃə]という発音で「ラシャ」と読みます。

このように、発音記号がわかっていれば、「母音をつづり通りに読んでしまう」という日本人によくあるクセを直すことができるのです。

また、英語は同じつづりでも、何種類もの読み方があります。発音記号の体系を知らずにひたすら音だけをまねても、それらを個別に覚えていくことになり、膨大な時間がかかってしまいます。発音記号を知っていれば、「この記号のときは、こういう音」とある程度体系化していくことができ、学ぶ時間を大幅に削減できるのです。

発音記号の習得といっても、マニアックな音声学のレベルまで勉強する必要はありません。161ページに紹介したような教材を使って、日本人が引っかかりやすい英語の発音を中心に、主要な記号をひと通り学習するところからはじめましょう。それをきちんとおさえておけば、日常会話レベルでは困らなくなります。

ACTION!

発音記号を学んで「英語の五十音」をマスターしよう

発音記号を使えば4つの「ア」も聞き分けられる

ɑ

アメリカ英語では、口を大きく開けて日本語の「ア」のように発音する。イギリス英語では「ɔ」と発音。

例 lock [lɑ́k]（鍵をかける）、top [tɑ́p]（頂上）

æ

「エ」と「ア」の中間音。「ア」の口をして「エ」と強く発音する。

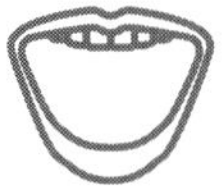

例 cat [kǽt]（ネコ）、bad [bǽd]（悪い）
※「a」にアクセントがおかれる場合に、この発音になることが多い。

ʌ

「ウ」と「ア」の中間の音。のどの奥から短く「ア」と発音する。

例 money [mʌ́ni]（お金）、double [dʌ́bl]（2倍の）
※「u」「o」「ou」にアクセントがおかれる場合に、この発音になることが多い。

ə

「エ」というときの口で、弱く短く「ア」とぼかして発音する。

例 Japan [dʒəpǽn]（日本）、open [óup(ə)n]（開く）
※アクセントがおかれない「a」「e」「i」などが、この発音になることが多い。

SECTION

11

スピーキング

少し気をつけるだけで、ぐんと通じやすくなる発音のポイント

英単語の語尾に母音をつけず、子音で止める

本書でもすでに何度か触れているように、私は、日本人がネイティブスピーカーのような発音で完ぺきな英語を話せなくてもかまわないと思っています。実際、世界ではさまざまな国の人がそれぞれの特徴を持った発音で英語を話し、堂々とコミュニケーションをしています。日本人も日本人的な特徴の英語で堂々とコミュニケーションすればよいのです。

ただし、スピーキングの練習をするときは、ネイティブの発音をお手本として練習しなければダメです。なぜなら、標準的な発音に近づける努力を怠ると、あまりにも「ズレた発音」になってしまい、言っていることが通じないかもしれません。よい発音ができるにこしたことはありません。

なお、日本人的発音のなかには、ほんの少し意識して発音するだけでもぐんと聞き

やすく、通じやすくなるものが結構あります。

直すべき代表的な例が「母音止め」のクセです。日本語の言葉はほとんどが母音で終わるため、英語を話すときも、語尾につい母音をつけてしまいがちです。

"It's very cold today."という文章があったとします。すべては子音で終わっていますが、日本人の多くは「イッツ　ベリイ　コールド　トゥデイ」というようにそれぞれの単語の終わりに母音をつけて発音してしまいます。まずは語尾に母音をつけず子音で止めるよう意識して、発音してみましょう。子音で終わるときの発音はほとんど音が聞こえません。口が子音の発音の形のまま息が少し漏れる感じです。

明るいLと暗いLを区別して発音してみよう

RとLの発音は多くの日本人が苦手とするところです。

実際には文脈から意味を理解してもらえるので、RとLの発音が正しくできないからといって、悩みすぎる必要はありません。

とはいえ、やはりRとLの区別は大切です。正しいRの音を出してみたいという方に、発音のコツをお教えしましょう。

Rを発音するときには、唇を丸くして舌先を口のなかのどこにもつけないようにして、浮かせるような感じで「ウ」のような音を出してください。

一方Lには、じつは「明るいL」と「暗いL」の2つのパターンがあります。

明るいLはLの後に母音がつづきます。たとえば〝light〟や〝long〟のような場合です。このときのL音は上の歯茎にしっかり舌を押しつけてから、舌を下ろして発音してください。これが「明るいL」音です。

それに対して〝call〟や〝tell〟のように語尾にLが来ている場合、あるいは〝cold〟のようにLの直後に子音がつづいている場合は暗いLの発音になります。

暗いLは上の歯茎に舌をつけて「ウッ」と発音し、それが不発に終わったような感じです。日本語のラリルレロよりは「ウ」に近い音になります。ただし日本語のように母音「ウ」を伸ばして止めないように。ネイティブの発音をまねして声に出してみてください。

ACTION!

「母音止め」の発音のクセを直すだけで英語がぐんと通じやすくなる

SECTION

12

スピーキング

英語のイントネーションを身につけると通じやすくなる

オーバーラッピングで強弱の感覚をつかむ

じつは英語の発音に関して、日本人の多くが苦手としているのは、単語よりも文全体のイントネーションです。

英語のイントネーションを改善するのにお勧めな練習が、またまた音読です。**ネイティブの音を使った「オーバーラッピング」と「シャドーイング」**という練習方法が効果的です。

オーバーラッピングとは文字を見ながら音声を流して、一緒に読むやり方です。いきなりはできませんので、リピーティング練習をして、英文がそこそこ頭に入った状態でオーバーラッピングに挑戦してみてください。

オーバーラッピングをしてみると、ネイティブの英語の話し方がリアルに伝わってきます。英語の文はすべての単語を同じ速度、強さで読んでいるわけではない、ということが体感できるのです。

機能語は弱く速く読み、意味語は強く遅く読む。またすでに出てきた情報は弱く速く、新しい情報は強くゆっくり読むということがわかります。

文字を見ながらネイティブの英語の音を聴いて、一緒にまねして言ってみる。そこから英語のイントネーションを盗み取ることができるんですね。イントネーション改善にオーバーラッピングは非常に有効です。

シャドーイングで英語のリズムを正確に再生

オーバーラッピングよりさらに高度な練習法がシャドーイングです。シャドーイングは読み上げられる英文を一拍遅れてリピートするというものですが、その際に文字情報はまったく見ず、耳に入ってきた音をそのままできるかぎり正確に再現していきます。

もともとは同時通訳者の訓練法、プロフェッショナル級の練習です。効果は大きいのですが、いきなりやってもできない人がほとんどです。

ですから、初級、中級の方はこれまで紹介してきた音読練習をやった後に、相当習熟した英文についてシャドーイングをやってみてください。

なお、私が**シャドーイング練習をする際には密閉型のヘッドフォンを使っています。**シャドーイングでは自分が出している声とネイティブの声がかぶさってしまってネイティブの音に集中できないという難点がありますが、密閉型のヘッドフォンですと自分の声とネイティブの声を切り離して聞くことができるので、シャドーイングがやりやすくなるのです。

ネイティブの音声だけを聴いて、それを正確に発音していく作業ですので、イントネーションを向上させるのに非常に効果があります。

また、リスニング力をアップさせるのにも、もちろん効果的です。シャドーイングでは文字情報なしで聞こえてくる音声だけに集中しなくてはならないので、ひとつひとつの音をきっちり聞き取ることが上手になるからです。

さらに、リピーティングと違って、じっくりと考える間がありません。聞いたらすぐに音をまねしないと、次の音を聞き取ることができないので、反射神経を磨くこともできます。

ただし、難易度の高い練習法ではあるため、いきなりシャドーイングからはじめると挫折する可能性があるので無理はしないようにしてください。必須というわけではありません。リピーティングやオーバーラッピングを練習してから挑戦してみてください。

最初は短文ごとに切れている音声素材やゆっくりと話されている素材を使って練習してみましょう。

ACTION!

オーバーラッピングでネイティブの話し方を体感しよう

SECTION
13

スピーキング

「理由・具体例・反論→結論」で論理的に話す

日本語のショートスピーチ訓練で論理力を磨く

日本では、難しい単語を知っている人、きれいな発音の人などが「英語力のある人」と思われがちですが、国際舞台ではそうともかぎりません。

たとえば、国連で話されているのは、シンプルでありつつも理路整然としている英語です。**国際舞台で問われる英語力とは、どれだけ中身のある話ができるかです。**

自分の主張をはっきりと、しかも論理的に伝える技術が求められます。

ところが、日本人の場合、英語どころか日本語でも、「論理的に伝える」ということを不得手としています。日本語で論理的に話せないのに、英語で論理的に話せるはずがありません。日本語の能力を英語が越えることはないのです。

そこで、私がよく生徒に勧めているのが、話題を〈【主張】→【理由・サポートするための具体例・反論】→【一歩進んだ結論】〉の3段階に分け、30秒くらいで話すトレーニングです。これは、英語のショートスピーチやエッセーでよく用いられる文章の組み立て方でもあります。

まず、何でもいいから本を1冊準備し、それをパラパラとめくり、パッと止めたところで最初に目についた言葉をテーマにして、日本語で30秒くらいのショートスピーチを行うのです。

日本語でこうした訓練をしていけば、少しずつ論理的に話す力が養われていきます。それを英語のシンプルパターンにどんどん当てはめて英語で表現すれば、かなりしっかりとした英語が話せるようになるでしょう。

英検1級の2次試験やTOEICのスピーキングテストでは、ショートスピーチが課されます。その対策としてもこのトレーニングは役立ちます。

ACTION!

まず日本語で論理的に話す訓練をしよう

日本語でのショートスピーチをつくってみる

テーマ　環境

段階	例文
1 主張	私は環境保護を意識した生活をしたい。
2 ・理由 ・サポートするための具体例 ・反論	なぜなら、現在、地球温暖化が大きな問題となっていて、このまま進行すると子どもたちの世代に多くの悪影響が出てくると考えられるからだ。私たちの世代のツケを子どもたちにまわすのは無責任だ。
3 一歩進んだ結論	そこで私は、ふだんから公共の交通機関を使うなどして、自分なりの小さな環境貢献を実践したい。

SECTION

14

スピーキング

テスト好きな性格を利用して会話力を身につけよう

スピーキングテストで学習意欲を大幅にアップ

英語の4技能のなかでも多くの人が苦手とするのがスピーキングです。英会話学校に通ってもなかなか話せるようにならないという嘆きの声もよく耳にします。

本来は音読やシンプルパターンの練習をしっかり行いながら、実践を積んでいけば、会話力は着実に上達していくはずです。いつまでも会話力が上がらないとしたら、その理由はやはり練習不足だろうと私は思います。

ただし、英会話学習のモチベーションを高いままずっと保つのは、なかなか難しいことであるのも事実です。会話力は短期間に急激に上がるものではないため、音読やパターン練習といった地道な学習をつづけていかなくてはなりません。また、実際に勉強していて、**どの程度上達しているのかが客観的に把握できないことも、学習意欲が盛り上がらない理由のひとつでしょう。**

英会話レッスンで、以前よりもスムーズに話せるようになった気はするが、本当に会話力は上がっているのか……。何となく曖昧な状態で勉強をつづけてはいるもののいまひとつ身が入らない。その結果、成果が見えやすいリーディングやリスニングの勉強につい集中してしまう……という傾向が全般にいえるようです。

さて、そんなみなさんのモチベーションを上げ、英会話力を伸ばす方法はないか？　長年にわたって私はいろいろ考えてきました。そして最近、ひとつの結論に到達しました。それは「日本人のテスト好きな性格を利用すること」です。

私たち日本人はテストのスコアを伸ばすことに熱く燃えてしまう性質を持っています。日本人は非常に真面目で、目標を与えられるとそれ向かってひた走るところがあるんですね。ならば、テスト好きの性格を英会話学習に生かしてしまえばいいのです。

実際、テスト好きの日本人とうまくフィットして、大きな成果を上げたのがリスニングです。かつて日本人はリスニングの勉強をあまりしませんでした。しかしＴＯＥＩＣが登場して事情が変わりました。45分間、１００問のリスニング試験を受けるようになった結果、多くの人がリスニングを意識した学習をはじめるようになったのです。質、量ともに高いＴＯＥＩＣ試験でスコアを上げるため、それまではリスニング学習にあまり熱心ではなかった人も真剣に勉強するようになりました。

逆に、TOEIC試験に出ない、スピーキングとライティングの学習熱は依然低いままです。その結果、TOEIC試験で高得点を取り、英語が読めて聞けるけれど、全然話せないという人がたくさん生まれてしまいました。

これほどまでにテスト好きな日本人です。同じように英会話の本格的なテストを大勢が受けるようになれば、スコアアップを目指し、みんな本気でスピーキングの勉強をやるはずです。

会話力を上げたければ、定期的にスピーキングのテストを受けるようにしましょう。

総合的に会話力を判定してくれるTOEICのスピーキングテスト

スピーキングテストのなかでも私がお勧めするのは、TOEIC SWテスト（158ページ参照）です。リスニングとリーディングだけしか測定しないTOEICテストの偏りが問題視されるようになり、4技能をバランスよく試すために登場しました。スピーキングとライティングはそれぞれ200点で別々の試験です。私はこのスピーキングのテストを目標に勉強することを、皆さんにお勧めしています。後半は難しいですが、前半であれば、初中級者の目標に適しています。

約20分のテストは、面接方式ではなく、パソコンブースに入ってイヤホンとマイクを装着して行います。イヤホンから聞こえてくる英語の設問にしたがって英語で答えるとそれがデジタル録音され、ETSの認定を受けた者によって厳正に採点されます。対面式でなくて会話力がきちんと測れるのかと疑問を感じる方もいるかもしれませんが、6タイプ全11問で、**発音や適切な言葉の選択、表現など、幅広い能力を判定できる内容になっています。**

テスト対策をすることによって会話力がついていく

たとえばTOEIC SWテストの音読問題では、発音やイントネーションが判定され、写真描写問題では叙述力、表現力が評価されます。身近な事柄についての質問に答えたり、資料を説明したりする単純な会話力を試す問題もあります。また、メッセージを聞いて解決策を提案したり、あるテーマについて意見を言ったりと、なかなか難しい問題もあります。こうした6タイプの問題により、発音から語彙、構成力など、会話に関連したさまざまな能力が評価されるのです。

このテストで、今までは曖昧だった会話力が客観的に評価されます。定期的にテストを受ければ、着実に伸びているのか、あるいは勉強法が不適切で伸び悩んでいるのかがわかります。さまざまなタイプの問題にチャレンジすることで、自分の得意、不得意も見えてくるでしょう。

また、**テストを受けることで、英会話の勉強法が具体的になり、かつ目的が明確になります。**ＴＯＥＩＣスピーキングテストは出題形式が決まっています。音読問題のスコアを上げたい人は音読の練習を一生懸命やればいいでしょう。テストを受けるようになれば、発音やイントネーションもできるだけ正確にまねして音読練習をするようになるはずです。写真描写問題対策としては、ふだんから写真や絵を見て英語で説明する練習をすればいい。テストに出る問題に答える訓練を、日々の会話練習に取り入れていけばいいのです。

英会話レッスンを受けている人は、試験対策練習も組み込んでもらってもいいでしょう。こうしてテストのために一生懸命勉強すれば、結果として着実に会話力がついていきます。スコアアップだけが目標になって、受験テクニックに走るようになっては意味がありませんが、スコアアップを目標に正しく英語を学ぶのは大いに意味のあることです。テスト対策といっても、それはズバリ「話すのがうまくなること」に直結するわけですから、マークシートのテストと違い、変な方向に行くことがありません。

英会話に慣れていない人は後半の問題に答えるのに苦労するかもしれませんが、気にする必要はありません。まずは前半の問題を中心に勉強しましょう。中上級者は後半の問題でいかに論理的に物事を説明するかの練習もしていくといいでしょう。

スコアは200点満点ですが、150点取れれば十分仕事で使えるレベルです。初級者はまず100点を目指しましょう。100点でも、現実のコミュニケーションでは、かなり話せるレベルです。

そして英語のプロになりたい人は180点以上を目指して頑張ってください。

「テスト好き」という性格を思い切り利用して、会話力をぐんと伸ばそうではありませんか。


ACTION!

TOEICのスピーキングテストで会話力の「定期検診」を

私のオススメ教材リスト　――スピーキング編――

初～中級

『CD2枚付 当てはめ式 3秒英語で自分のことを話してみる』

（稲田一・著／KADOKAWA　中経出版）

簡単にディクテーションができるソフト。パソコンのアイコンをクリックするだけですぐにディクテーションがはじめられる。ニンテンドーDS版やスマホ用アプリもある。

中～上級

TOEIC Speaking and Writing Tests

財団法人国際ビジネスコミュニケーション協会

（http://www.toeic.or.jp/sw/）

TOEICによるスピーキングとライティングの能力を測るテストで、今後企業での本格的な導入が予想されている。スピーキングテストは会話力を客観的に評価するために定期的に受けるのがオススメだ。

CHAPTER4

リーディング

英語の「読む力」をアップする

SECTION

01

リーディング

英語は日本語に訳さずに読む

「英語を読むこと」＝「日本語に訳すこと」ではない

リーディング力をアップさせるには、「英語を読む」ことに関する、日本人が陥りがちな誤解をあらためる必要があります。

その誤解には、大きく次のふたつがあります。

①英文を日本語に訳しながら理解する
②英文をうしろから前に戻って理解する

多くの人たちが、「英語を読むこと」と「日本語に訳すこと」はイコールだと考えています。これは大きな誤解です。

以前、美容院で話をしていると、こんな風に言われました。

「英語の先生なら、英字新聞とか、ペーパーバックとか訳せるんだよね。アメリカに行っても全部訳せるし、映画だって字幕なしで訳せるんだよね～」

難癖をつけるわけではありませんが、この発言は多くの日本人の持つ英語に対する誤解をよく表していると思います。

たとえば、みなさんが「犬」という漢字を見たとき、「犬」という動物のイメージがパッと浮かぶのではないでしょうか。

〝dog〟という単語を見たときも同じことです。文字ではなく、「犬」のイメージが頭に浮かばなければなりません。決して〝dog〟を「犬」という日本語に訳して理解するわけではないのです。

「日本語に訳す」から読むスピードが遅くなる

書かれている英文を理解する際に、日本語に訳す必要はまったくありません。たとえば、TOEICのリーディング試験だったら、75分で満点を取るためには、英文を「日本語に訳す」時間はありません。センター試験の英語でも同じです。

「英文は、日本語に訳さなければいけない」という考え方を捨ててください。日本語訳は、日本人同士がその英文を理解しているかどうかを互いに確認するために使う手段にすぎないのです。**英語の内容がわかればよいのであれば、日本語訳はまったく必要ありません。**

日本で伝統的に行われている「英語を日本語に訳す」という学習法は、多数の学生を効率的に教えることができるというメリットがあるとは思いますが、一方でデメリットも大きいのです。

そのデメリットのひとつは、英語を処理するスピードがとんでもなく遅くなる、ということです。本来なら「英語→理解」ですむところを、「英語→日本語訳→理解」とひと手間入ってしまい、その分、読むスピードが遅くなるのです。

読んだまま、聞いたまま理解する直読・直解をマスターする

デメリットがおよぶのはリーディングだけではありません。リスニングにおいては、じかに英語を理解できないのは致命的です。

この本で何度も繰り返し述べているように、英語の4つの技能はそれぞれがつながっています。とりわけ、リスニングとリーディングはともに「インプット」の作業です。「リーディング」は「目」から、「リスニング」は「耳」から、という違いはあ

英語はそのまま理解する

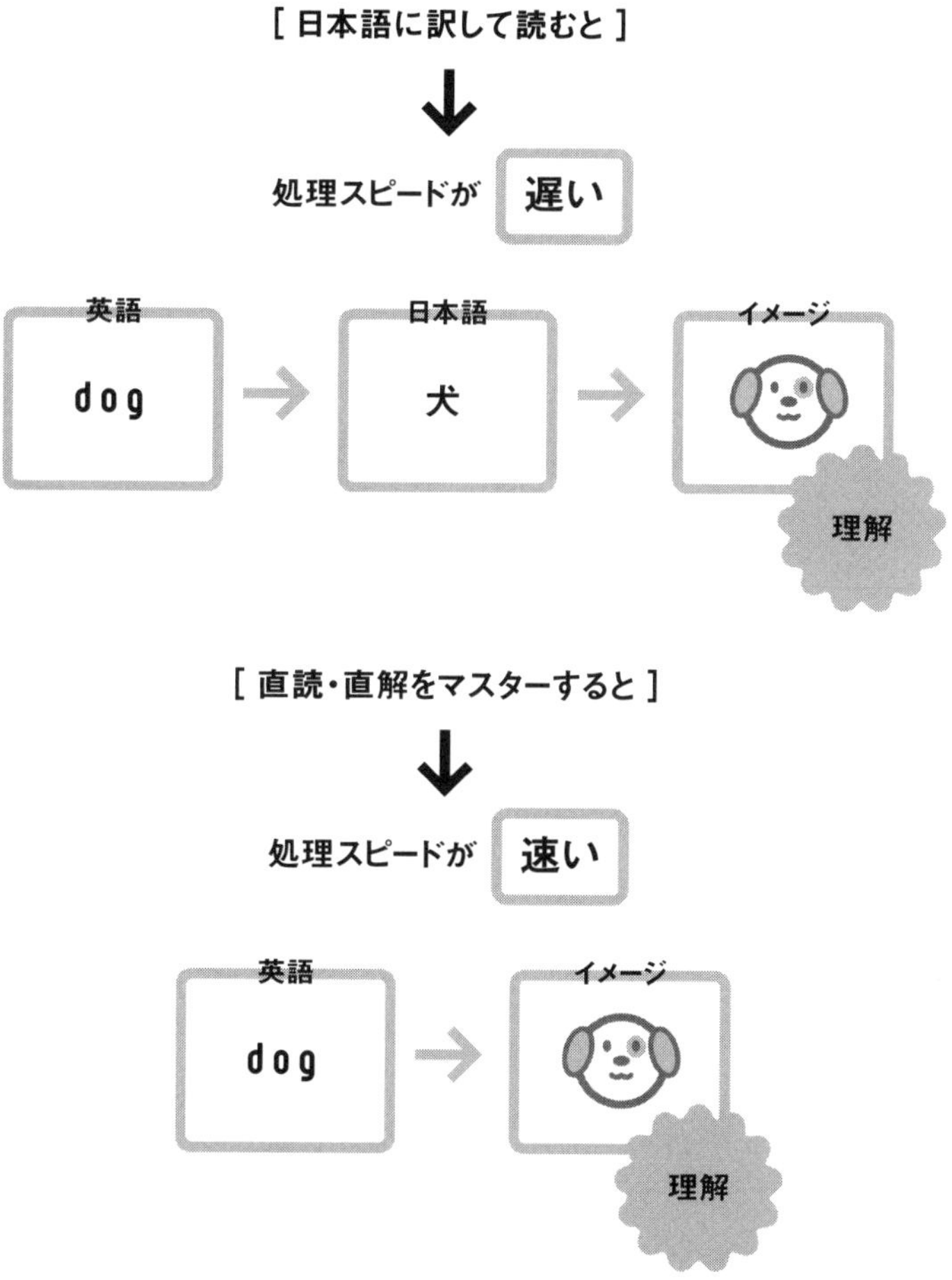

るものの、根本的には外から入ってきたものを理解するという作業です。

そして、ここで求められるのが、**読んだまま聞いたままに、流れにのって理解していく、「直読・直解」です。**

にもかかわらず、リーディングで日本語に訳して理解するクセをつけてしまうと、リスニングの際の直読・直解も妨げてしまいます。とくにリスニングの場合、発せられた音声は発せられたそばから消えていきます。書かれた文字のように後に残りません。だから一瞬のうちに理解する必要があります。

それゆえ、リスニングはリーディング以上に直読・直解が求められるのです。リスニング力を鍛えるうえでも、リーディングでの直読・直解は必須です。

ACTION!

日本語を介さず直読・直解で英語を理解しよう

SECTION

02

リーディング

英語はうしろから前に戻って読まない

英語は、「左→右」で目線を移動して読む

次はもうひとつの誤解、「英文をうしろから前に戻って理解する」についてです。英語の文章では、名詞や先行詞のうしろにそれを修飾する語句がおかれます。一方、日本語は、名詞などの前にそれを修飾する語句がおかれます。

たとえば、〝I know the boy standing there.〟という英文を日本語らしく理解しようとすれば、「私は、あそこに（there）立っている（standing）少年（the boy）を知っている」と、うしろから前に戻って理解していくことになります。

しかし、当然ながらこの方法では英文を読むスピードが落ちます。うしろから戻るため、英文と同じ「左→右」のスムーズな目線移動ができなくなるからです。

英語は左から右にしか読みません。先ほどの〝I know the boy standing there.〟の英文を、ネイティブが「あそこに立っている少年を知っている」と右から左へ理解

することは絶対にないでしょう。左から右へと語順通りに理解していくはずです。

「左→右」に読むクセがつけば、リスニング力も身につく

英語を読む際には、うしろから前に戻ってはいけません。**前からうしろにどんどん理解していくのです。**

先ほどの〝I know the boy standing there.〟の例文だったら、「あそこに立っている少年」と日本語に並べ替えるのではなくて、「私は少年を知っていて、その少年はそこに立っているのだな」と理解していけばいいのです。

このように、前からうしろに理解していく方法は、前述の「リーディング＝リスニング」の関係から、リスニングの訓練にもなります。前からうしろへと理解していくクセをつけることで、リスニングにおいても、聞こえたままに理解していくことができるようになるのです。

ACTION!

語順のままに内容を理解していくのが英文リーディングの極意

英語は「左→右」に読む

✕ うしろから前に戻って理解する

I know the boy standing there.

理解

私はあそこに立っている 少年 を知っている。

〇 前からうしろにどんどん理解する

I know the boy standing there.

理解

私はあの少年を知っていて、その少年はそこに立っている。

SECTION

03

リーディング

音読することで「訳さない」「戻らない」の習慣がつく

声に出して読むことで、日本語をはさむ余裕を与えない

ここまで、「英文を日本語に訳しながら理解する」「英文をうしろから前に戻って理解する」という、日本人が陥りがちなふたつの誤解について述べました。

リーディング力、さらにはリスニング力をアップさせるには、この誤解を解消していく必要があります。

ただ、このふたつは、日本の英語教育では長い間大前提のようにして行われてきたため、突然、「日本語に訳さずに理解しろ」「英文は前からうしろに理解しろ」と言われても、困ってしまうかもしれません。

しかし、難しく考えることはありません。方法は簡単です。音読をするのです。

音読は、声に出して読んでいくわけですから、うしろから前に戻る余裕など与えて

くれません。だから、「うしろから前に戻って理解する」ということができなくなります。

また、**声に出すと同時に英文を理解しなければならないため、日本語に訳すタイムラグも与えられません。**そのため、読んでいる最中、頭のなかに日本語をはさむ余地がなくなるのです。

音読のスピードで読めれば、外国人の読解力としては十分

一方で、音読学習に対して、「音読のスピードで読む習慣をつけてしまうと、それ以上のスピードで読むことができなくなる」という批判もあります。

たしかに、それは事実です。でも、音読のスピードは、鍛えていくうちに平均的に1分間100ワードくらいになります。よほど特殊な能力を身につけたいという人でないかぎり、1分間に100ワードも読めれば、英語のノンネイティブが英語圏などの海外で暮らすうえでは、まったく困らないのではないでしょうか。

それに、みなさんが日本語を習得していったときのことを思い出してみてください。

みなさんは、今でこそ音読よりも速いスピードで日本語を黙読することができると思いますが、小学校の低学年くらいのときはどうでしたか？　文章を声に出して読む

練習を徹底的にやっていたと思います。

言語を習得する順番は、まず「声に出して読む速度で理解できるようになる」→「もっと速い速度で黙読できるようになる」という順です。最初の段階を飛ばして、いきなり次の段階からはじめることなどできるはずがありません。

さらに、外国人として英語を学ぶことを考えれば、**「声に出して読む速度でわかるようになる」という最初の段階まで到達できれば、大成功**といえるのではないでしょうか。

ないものねだりをしはじめるとキリがありません。それよりも、今の自分にとって何が必要なのかを考え、それを着実に実行していきましょう。


ACTION!

「返り読み」克服のため音読しよう

SECTION
04
リーディング
「即時理解」をしない音読では、結果は出ない

ノルマとして音読していても、効果は少ない

次に、具体的な音読の方法です。

私の教えている生徒のみなさんからよくある質問です。

「成績が上がったという先輩や先生から勧められて、毎日1時間、英文を音読しているのですが、なかなか成績が上がりません。どうしてでしょうか?」

じつは、何も考えないでただノルマとして音読するだけでは、音読の効果は限定的になってしまいます。音読を行っても成績が上がらない人の問題点は、成績を上げるための手段としてしか音読をとらえていない、ということにあります。音読することがただの「作業」になってしまっているのです。

音読する際には、「内容を味わう」ということが何よりも重要です。

サイトトランスレーション音読で直読・直解を目指せ

ただし、音読をはじめたばかりのころは、これがなかなか難しいのです。たとえば初級者からよく相談されるのが、「音読していると自分の声にばかり注意がいってしまい、内容を理解できない」「訳さずに理解すると言うことがピンとこない」という悩みです。

音読しても「英語を英語のまま理解する」ことがなかなかできないといった悩みを持っている人に勧めたいのが「サイトトランスレーション音読」です。これは、ここまで書いてきたことと矛盾する方法です。しかし、理想論だけを言っていてもはじまりません。そこで、あえて日本語を使った練習で補助輪をつけてから、直読・直解へと持っていく方法を紹介します。

サイトトランスレーションとは、もともとは通訳者の訓練で、目で見ながら、英文を口頭で翻訳する練習方法です。意味のかたまり（センスグループ）ごとに英文を区切り、口頭で日本語に訳していきます。これを私が学習者向けにアレンジしたのがサイトトランスレーション音読で、英文の音読と日本語訳の両方を行います。もちろん、これをやる前にリピーティングで正しい発音を身につけてください。

やり方は、**センスグループごとに英語→日本語訳の順番で声に出して読んでいきます。**正しい日本語の順番には直しません。左から右に、どんどん流れるように読んでいくのが大切です。

この練習をすると、英文の意味が語順のまますんなり頭に入ってきます。センスグループごとに、慣れ親しんだ日本語で意味を把握できるからです。つまり日本語の助けを借りつつ、英文の語順のまま文章を理解していくわけです。

これを数回繰り返して内容が頭に入ったら、補助輪を外して英文だけを音読し、内容を理解する訓練をしてください。英語だけで内容をイメージするよう意識します。ゼロからやった場合よりもこの補助輪をつけてはじめたほうが、スムーズに理解できるようになります。

この練習をつづけていくと返り読みのクセがあった人も、次第に英語を語順のまま左から右へと読んで理解していくという感覚が身についてきます。

直読・直解の下準備として、あえて日本語の助けを借りたトランスレーション音読をしてから、英語だけで理解するという段階方式を取るとよいでしょう。

返り読みをしなくなると、読むのが速くなる

「日本語を通さずに意味を理解することがなかなかできない」人は、まずサイトトランスレーション音読からはじめてください。

しかし、サイトトランスレーション音読ができたからといって、読めるようになったわけではありません。これはあくまでも初期段階の練習です。できるようになったら、すぐに日本語なしで英文を音読しながら理解する訓練をしてください。

この練習をしばらくつづけるとやがて返り読みをせず、英語を英語の語順のまま理解できるようになります。あくまでも、この直読・直解がゴールだということを忘れないようにしてください。

ACTION!

サイトトランスレーション音読で直読・直解の感覚をつかもう

SECTION

05

リーディング

リーディング教材は、語句注のあるものを選ぶ

意味調べと英語力に直接のつながりはなし

よく「リーディング力を鍛えるには、どんなものを読むといいですか？」という質問を受けますが、とくに**初級者のうちは語句注のついた教材を選ぶとよいでしょう。**

「辞書は、ボロボロになるまで引け」とよくいわれますが、「辞書を引く」という作業と「英語力」に直接的なつながりはありません。

たしかに、辞書は英語学習者の必携ツールですし、わからない単語を調べるのは大切なことです。辞書でひとつのことを徹底的に究明することが大変有意義なときもあります。ただ、出てきた知らない単語をひたすら辞書で調べてノートなどに転記するのは、時間の無駄です。力はつきません。無限の辞書地獄に陥ってしまい、結局、勉強をやめてしまう場合もあります。

語句注のある教材で、作業の時間を大幅に削減できる

勉強の効果を確実に上げたいというのなら、「作業」よりも暗記したり、練習したりすることに重点をおくべきです。だからこそ、語句注が充実した参考書を選んで、無駄な労力を省いてください。

語句注がついた参考書やテキストなどは、1000円前後あれば手に入ります。お金や道具で無駄を解消できるのなら、積極的に活用しましょう。

私自身も、専門性の高い難しい英文を勉強する場合は、辞書を引くのが面倒なので、語句注がついたものがあればそれで勉強し、時間を節約するようにしています。

英語を学習するうえで、辞書とのつき合い方は重要です。語句注つきの教材を使うことで、辞書とはバランスよくつき合って、決して無限の辞書地獄には陥らないようにしましょう。

ACTION!

作業を勉強や練習と混同せずに、効率的に学ぼう

SECTION

06

リーディング

自分が「面白い！」と思う教材を選ぶ

初級者は分厚い教材は避ける

教材を選ぶ際に大切なことがもうひとつあります。それは、「自分にとって面白い内容である」ということです。

リーディングにかぎらず、英語の勉強は時間がかかるマラソンのようなものです。1週間猛ダッシュをかけても、その後、力尽きて何もしないのでは成果は上がりません。30秒でも1分でも「毎日つづけること」が大切です。

とはいっても、言語学習にはストレスがつきものです。みなさんが日本語を習得するときもそうだったはずです。

子どもが言語を覚える過程は、泣いたりわめいたりの連続です。言語をラクラク習得できるということはあり得ません。

だからこそ、**毎日つづけるために、教材は少しでも楽しいものを使うべきです。**そうすることで、多少なりともストレスを軽減できて、モチベーションを維持することができます。

好きこそものの上手なれ。自分にとってワクワクする教材を選ぶようにしましょう。

ただし、「自分にとってワクワクする教材」といっても、初級者のうちから勧められるがままに分厚いファンタジー小説などに手を出してしまうと、挫折の原因になります。最初に挑戦するのは薄いものにしましょう。

また、教材のジャンルは、ひとつに固めないほうがよいと思います。ニュースだけ、評論だけとジャンルを固定してしまうと飽きてしまって、結局、読まずじまいとなりかねません。

それを避けるためにも、あるときは小説の一部、あるときはアメリカンジョーク、あるときは評論、あるときは時事英語などなど、そのときどきの気分に合わせて読みたいものを選んでいくとよいでしょう。

いきなりの英字の新聞・雑誌、ペーパーバックは挫折のもと

ところで、まだ初級者なのに、つい手を出してしまう「無理な教材」があります。それは、英字新聞、英字雑誌、ペーパーバックなどです。これらは、結局、買ったものの読まないで終わってしまうことが少なくありません。

私も初級者のころは、英字新聞や雑誌が単なるファッションアイテムと化していました。

また、マイケル・クライトンやシドニー・シェルダンのペーパーバックを買って読もうとしたこともあります。しかし、最初の2ページくらいまで辞書を引きながら読んだものの、結局、「これではいつまでたっても読み終わらない」とやめてしまいました。

この手の教材は、かばんに入れて、まわりの人を威圧するのに使うのなら意味があります。新聞や雑誌の場合、知人にプレゼントをする際のおしゃれな包装紙として使えば、それはそれで価値があるでしょう。しかし教材としては敷居が高すぎて挫折しがちです。

初級者のうちは、こうした敷居の高い教材に手を出すのは避けましょう。その代わりに、語句注がふんだんについている初心者用の教材や、語彙数を制限して書かれている、『ラダー』シリーズ（197ページ参照）のような教材を使うのがよいですね。

ACTION!

教材は自分の実力をシビアに判断して選ぼう

SECTION

07

リーディング

日本語を読む裏技で英文を読む楽しみを経験

日本語訳を読んでから英文に挑戦する方法も

英文が読めるようになるには、同じものを繰り返し読むという、地力を高めるための精読が大切です。と同時に、読解量を増やしていくことも重要です。読解の実地訓練です。英語がスラスラ話せるようになるためには、たくさん英語を話す練習をするしかないのと同じことですね。

そこで、少しやさしい内容の英文をたくさん読む「多読」をお勧めします。どんどん英文を読んで、英語を英語のままで理解していく感覚を身につけてしまうことが大事だからです。

ただし、慣れないうちは簡単な英文で書かれていても、なかなかスラスラとは読めないかもしれません。また、「簡単な英文で書かれた本」というのは往々にして、学習者の本来の趣味嗜好《しこう》とは合致しないことも多いです。興味のある本、面白い本の多くは英語のまま読もうとすると難易度が高いものですから。

私が思い切った方法としてお勧めしたいのが、翻訳が出ている本ならば、まず**日本語訳を読んでからオリジナルの英文を読むという方法です。**一度日本語で内容を把握してから読むと、初めて読む英文でもかなり楽に読めます。長い本なら一章ごとに翻訳→オリジナルの英文と読み進めてもいいでしょう。

面白いもので、意味を頭に入れておくと英文が比較的スラスラと読めます。知らない単語もある程度、推測ができます。そこそこ難しい構文の文章でも意味が先に入っているので割と楽に読み解けます。

そして日本語の助けを借りたといっても、1章さらには1冊分英文を読破すれば達成感があります。達成感は大切です。さらにそれが励みとなってたくさんの英語の本に挑戦していくというよい循環に入り、次第に日本語訳の助けがなくても読める英語が増えていきます。


ACTION!

日本語訳を読んでおくとオリジナルの英語がスラスラ読める!

SECTION

08

リーディング

100を飛ばし読みするより、10を徹底的に読み込む

精読では「数」よりも「質」に力点をおく

多読の実地訓練とは、たくさん読み捨てにして、反射神経を鍛える学習です。一方、地力を高めるための精読なら、逆に量を絞ることが大切です。とくに初級者のうちは、中途半端な理解のままで量をこなすよりも、「これ！」という教材を選び、それを**暗記するくらいまで徹底的に読み込んだほうが絶対に力になります。**

初級者は、リーディング教材を1冊買ったら、そこに掲載されているすべての英文を読もうとする必要はありません。リスニングの章でも述べたように、1冊のうち、「これ」と思う部分を選び、内容を100％理解し、かつ暗記できるくらいまで、何十回も音読しましょう。もちろんネイティブの音をまねてください。だから、リーディングの教材も、音声が付属したものを選択してください。

また、音読→暗記の過程において、文法への理解が深まります。単語や熟語も覚えましょう。英語の4つの技能は互いに有機的につながっていますから、リーディングを鍛えながら、スピーキングやライティングの力も養われます。

精読学習は「数」よりも「質」に力点をおきましょう。30％くらいしか理解しないまま100も200も英文を読むのではなく、10の英文を100％完全に理解するまで読み込むのです。

「マイ読解ファイル」で読んだものをストックしていく

暗記するほど読み込んだ英文はコピーをして、クリアファイルなどにどんどんストックしていきましょう。「マイ読解ファイル」のようなものをつくるのです。

ストックをはじめて1年も経つころには、ファイルのなかには、歌詞あり、誰かの演説あり、ジョークあり、趣味の読み物ありと、ジャンルもさまざまになってきます。まさに「自分セレクション」のリーディングファイルができあがります。

ただし、ファイルづくりが「作業」にならないように気をつけてくださいね。

こうした精読学習と多読学習はしっかりと分けて勉強を進めてください。多読用の教材と精読用の教材を区別することが大切です。

ACTION!

精読の教材は吟味して、暗記するくらいまで読み込もう

SECTION

09

リーディング

そして多読教材として小説を書いてしまった

面白いものを読むことの大切さ

長年、精読と多読のハイブリッド学習を勧めてきた私には、ひとつの大きなジレンマがありました。

それは、私が教えている中高生が面白いと思って読める多読教材が非常に少ない、ということです。

多読学習では英文を楽しみながらたくさん読むことによって、リーディング力を育んでいくことを目指しています。わからない単語や表現があってもだいたいの意味を推測しながら、どんどん読み進めていく、その結果、推測力や速読力などリーディングに必要なスキルが高まっていくわけです。

ですから多読教材は、まず読者の英語のレベルに合った読みやすい内容であること、そして先を読みたくなるような面白い内容であることが求められるのです。

しかし、このふたつを兼ね備えた多読教材はなかなかありませんでした。

授業で登場する英文や、多読学習用に勧められる本は、真面目なものが多いのです。たとえば環境問題とかボランティア関係とか、素晴らしい内容なのですが、中高生にとっては少々、説教臭いんですね。

日本語での話ですが、私自身、若いときはマンガや下世話な小説を面白がって読んでいました。良質の本に触れることは大事ですが、本音としては、内容はくだらなくても面白おかしく書かれたものを読みたいわけです。

実際、中高生は英文のジョークや面白い文にものすごく反応します。

つまり彼らは**英語を読むのが嫌いなのではなくて、読まされる内容に興味が持てないだけ**なのだと気がつきました。このような経験から、面白い素材を読むことの重要性を痛感したのです。

これは大人の英語学習者だって、同じ思いでしょう。くだらなくてもよいから、面白いものを簡単な英語で読みたい。

そこで私は本屋さんに行って面白いもの、今の若い人たちが興味を持ちそうな英語の本を探してみました。でも、なかなかぴったりの本が見つかりません。たとえば、多読教材としてよく勧められる童話や昔話などの本は、若者にはあまり受けません。

動物が主人公……といったあたりで興味を失うようです。それなら『スパイダーマン』や『フォレストガンプ』などハリウッド映画のノベライズで語彙がコントロールされているものならどうかと思って試したところ、一部の生徒にしか受けない。

英語のライトノベルで中高生のリーディング力に劇的変化が

では何なら興味を持ってくれるか。

そして**ひらめいたのが「英語のライトノベル」です**。若者たちに人気のある日本のライトノベルのような内容を英語にしたものなら、きっと面白がって読んでくれるのではないか？　とはいえ、英語版のライトノベルなどありません。

そこで、「よし、僕が書こう」と決心しました。

登場人物は日本人の若者たちで、展開は日本語のライトノベルより単純化し、スピーディーでわかりやすくしました。とくに気をつけたのは高尚にしないこと。面白いだけの作品にすること。ですから奇想天外で、いろいろな話が盛りだくさん。突っ込みどころも満載です。自分でいうのもなんですが、読みはじめると止まらないものができたと思います。

もうひとつこだわったのは語彙のコントロールです。センター試験基礎レベル（英検準2級レベル）に徹底的に制限しています。さらに語句注も丁寧につけて、単語が原因で読み進められないことがないようにしました。表紙や挿絵には漫画家さんたちにカッコイイ絵を描いていただいています。

現在4冊が出版されていて、霊能力のある少女やアイドルを目指す少女たちが活躍します。

ここは、私の本の紹介になってしまいましたが、日本の英語学習が楽しくなるように、私が頑張っている活動のひとつです。1冊読破すると、センター試験1.5回分程度の英文量を読むことになりますし、大人の方にも面白がっていただけるのではないかと思います。多読学習をしたいけれど読むべき本が見つからないという方はぜひ、一度手に取ってみてください。

ACTION!
ライトノベルでワクワクしながら英語を読む経験を！

SECTION

10

リーディング

私が利用している教材を公開します！

オモシロ教材を使ってみよう

私は20年間も英語の勉強をつづけてきたわけですから、読む材料についてもいろいろと工夫してきました。

ここで、私が愛用している教材をいくつか紹介しましょう。それぞれについて、繰り返し読み込む「精読用」なのか、さっと読み飛ばす「多読用」なのかも記しておきます。なお章末のリストもご参照ください。

◇映画のスクリプト（台本）【精読】……「お気に入りの1冊を完ぺきに」を目指す学生時代によく読んだのが、映画のスクリプトです。

これはリスニングの教材としても役に立ちました。その当時のものにはまだ語句注がついていなかったので、辞書を引くのに苦労した記憶があります。

しかし、現在出ているものは、どれも語句注が充実しています。また、専門家による文化的考察なども含まれていて、最高のリーディング&リスニング教材です。

映画のスクリプトは書店に行くとたくさん並んでおり、コレクターの心理としては、「あれもこれも」と買いそろえたくなるところでしょう。しかし、それでは「結局、1冊も使わなかった」ということになりかねません。

まずはお気に入りのものを1冊購入し、それを精読し、完ぺきに理解することを目指しましょう。

◇語句注つきの英字新聞【精読・多読】……読んだ記事は繰り返し音読する

語句注つきの英字新聞である『毎日ウイークリー』も学生時代よく利用しました。

じつはうちの実家では、私が中学生のころから『毎日ウイークリー』を取っていました。というのも、その当時、わが家では毎日新聞を購読していて、英語に興味を持っていた私の姿を見て、父が『毎日ウイークリー』も取ってくれたのです。

ただし、高校時代までは単に購読していただけで、ほとんど利用していませんでした。映画の記事、それも日本語部分をつまみ読みしたり、写真を眺める程度で終わっていました。

ところが、大学時代にキオスクで買ってもう一度勉強に使ってみたところ、語句注が充実していたり、日本の興味深いニュースが満載だったりと、大いに楽しめる読解教材だということを再発見したのです。

新聞で勉強する場合は、語句注が掲載されているものを選びましょう。英字新聞なら前述の『毎日ウイークリー』や『週刊ST』（198ページ参照）などがオススメです。

◇**日本のマンガの英語版【多読】**……アクションものがオススメ！

マンガは、とくに会話表現を学ぶうえで、よい教材になります。

とはいえ、『スパイダーマン』のようなアメコミは好き嫌いが分かれるところでしょう。一方で、日本のマンガの翻訳版は誰もが楽しめると思います。

初級者にオススメなのが、『北斗の拳（Fist of the North Star）』『ドラゴンボール（Dragon Ball）』のようなアクションものです。『北斗の拳』などは「アタタタター」のような擬音語が多く、読むところがあまりないので、すぐに「英語の本を1冊読み終わった！」という達成感を得ることができます。

読みごたえを求める上級者のみなさんには、『アドルフに告ぐ（Adolf）』『デスノート（Death Note）』などがオススメです。語句注はついていないので、自分の語彙力と相談しながら、読めるものを選びましょう。（197ページ参照）

英語版のマンガは、洋書の充実している大きな書店に行けば買えます。また、近所に大きな書店がない場合は、「アマゾン」（http://www.amazon.co.jp/）の「洋書」コーナーで英文タイトルを検索して、購入できます（この場合、日本語でのやりとりで購入できます）。

◇日本の小説などの英語版【多読】……日本語との読み比べが楽しい

講談社からは、夏目漱石の『坊っちゃん』など日本の文学や小説の英訳版や、サリンジャーの『ナイン・ストーリーズ』など海外の有名小説が、文庫本サイズで出版されています（197ページ参照）。「講談社英語文庫」というこのシリーズには、巻末に語句注もついていますし、また、小さな文庫本サイズなので持ち運びに便利です。

購入は洋書が充実している大きな書店に行けばできます。「講談社BOOK倶楽部」（http://www.bookclub.kodansha.co.jp/）や「アマゾン」からも購入できますので、興味のある方はアクセスしてみてください。

じつは、私の夏目漱石デビューは、この英語版の『坊っちゃん』でした。その後、日本語版を読み、英語と日本語を比較することをちょっとした楽しみにしていました。

「どうしてもペーパーバックが読みたい！」という人にオススメなのが、語彙のレベルが限定してあるアメリカやイギリスの子ども向けの本です。大統領の伝記や有名な小説をやさしくリライトしたものなど、読みごたえのあるものがたくさんあります。

◇英語のガイドブック【多読】……外国人の友達をつくるきっかけになる

私が二度目のアメリカ旅行に出かけたときのことです。

「せっかくアメリカに行くのだから、日本語のガイドブックではなく、英語のガイドブックを持っていこう」と思い、『Let's go USA』という分厚いガイドブックを購入しました。

そして、このガイドブックと辞書しか持たずにアメリカに行ったため、ホテルを探すにも観光するにもこの本を熟読する必要がありました。また、この本はヨーロッパの人たちが愛用しているので、行く先々でヨーロッパからのバックパッカーたちと親しくなり、外国人の友達をたくさんつくることができました。

一方、初めてアメリカを旅行したときは、日本語のガイドブックを持っていきました。すると、行くところ行くところで必ず同じガイドブックを持った日本人がいて、日本人同士が日本語で会話している姿がありました。それでは英語の勉強にはなりません。

たしか、フロリダ州のデイトナビーチだったと思います。ガイドブックには「このビーチには日本人がいない」と書いてあったのでそこに行ってみると、やっぱり同じガイドブックを持った日本人の集団に出会いました。

英語の勉強のために海外を旅行する人は、英語のガイドブックを使う、もしくは日本語のものと併用するとよいでしょう。

◇アメリカのポルノ小説【多読】……英語版ならヒンシュクどころか、尊敬される

海外旅行から帰国した際、成田国際空港の本屋さんの一角にあやしい表紙のペーパーバックがおいてあるのを見つけました。

そこで私は、それらの本のなかから一番表紙が地味なものを探し、ほかの雑誌と混ぜて、何げない顔をして購入しました。もちろん帰りの電車では、外国人がまわりにいないのを確認したうえで読書に没頭。ふだんならわからなければすぐにあきらめて

しまう英語の「比喩表現」も必死になって考えたものです。

不思議と英語の本だと、お下品なものを読んでいても、まわりからは「すげ〜!　ペーパーバックを読んでる!」という目で見てもらえます。これはかなりお得です。

私のオススメ教材リスト ——リーディング編①——

『ラダー』シリーズ（IBCパブリッシング）

５つのレベル別に使用語彙数を設定し、やさしい英語で書き改められた英文リーダー。多読、速読の練習に向いている。巻末に単語リストもついているので辞書なしで英語の読書が楽しめる。名作文学からベストセラーまで幅広いジャンルの作品を出版。『走れメロス』（レベル１）や『シャーロック・ホームズ　緋色の研究』（レベル３）、『スティーブ・ジョブズストーリー』（レベル４）など。

英訳版マンガ

世界的に日本のマンガは人気が高く、英訳出版も多い。アマゾンなどの一部ネット書店では海外で出版されている英訳マンガが購入可能だ。初級者には『北斗の拳（Fist of the North Star)』『ドラゴンボール（Dragon Ball)』、上級者には『Adolf（アドルフに告ぐ)』『デスノート（Death Note)』などがオススメ。

講談社英語文庫シリーズ

日本の文学や小説の英語翻訳版、海外の有名な英文小説を文庫サイズで出版。巻末に語句註がついている。『坊っちゃん』や『ナイン・ストーリーズ』など。

私のオススメ教材リスト　――リーディング編②――

初級

『Finding Japan』（Robert Reed・著／Jリサーチ出版）

日本在住 30 年以上のジャーナリストによる日本のガイドブック。平易な英語で書かれており、外国人旅行者だけでなく日本人にとっても日本文化の知られざる側面を発見できる興味深い本。

初級～中級

英語ライトノベル

初級中級向けの多読教材として本書著者が書き下ろした英語ライトノベル。センター試験基礎レベル、英検準 2 級～ 2 級レベルに語彙がコントロールされている。『バレンタイン学園殺人日記』（KADOKAWA 中経出版)、『霊感少女リサ』（東進ブックス）など。

『毎日ウィークリー』（毎日新聞社）

週刊の英字新聞。語句註もあり英文が比較的やさしいので高校生レベルから読める。

中級～

『週刊ST』（ジャパンタイムズ）

週刊の英字新聞。語句註も充実しており学習者向け。

CHAPTER5

ライティング

英語の「書く力」をアップする

SECTION

01

ライティング

まずは日本語をとことん単純化する

書けないのは、日本語の言いまわしにこだわるから

英文を書くとき、英語に慣れていないうちは、頭のなかで「言いたいこと」を日本語で考えることと思います。本当は英語で考えられるようになるのがベストなのですが、最初のうちは仕方がありません。その際に頭に浮かぶのは、ふだんから使っている日本語の言いまわしではないでしょうか。「アイツにまんまといっぱい食わされた！」なんて日本語が浮かんでくるかもしれません。

多くの人が陥りがちなのが、これを忠実に英語に訳そうとすることです。その結果、日本語の言いまわしに振りまわされ、筆が止まってしまうことが多々あります。

この一文でいえば、「『アイツ』の英語は？」とか、「『まんまと』は英語でどういう風に言えばいいんだろう？」「『いっぱい食わされる』って、英語でどう書くの？」といったことを、ゴチャゴチャと考えはじめます。

しかし、「アイツ」や「まんまと」「いっぱい食わされる」といった日本語にぴったりな英語は、英語の達人でもそう簡単に見つけられません。

「いっぱい食わされた!」は「だまされた」でOK

そこで、**まずやらなければならないのが、頭に浮かんだ日本語を単純化(シンプリフィケーション)することです。**

たとえば、先ほどの「アイツにまんまといっぱい食わされた!」という一文。これは要するに、「彼にだまされた」とシンプリフィケーションすればよいのです。

ライティングでは、日本語の言いまわしを忠実に訳そうと思わないでください。日本語を使って生活している日本人ですから、当然、最初に浮かぶのは、込み入った日本語の文かもしれません。それを最低限、意味の通じる日本語にシンプリフィケーションしていくのです。それが、ライティング力アップのための第一歩となります。

ACTION!

頭に浮かんだ日本語を思い切り簡単にしてから英作文しよう

SECTION

02

ライティング

英語のシンプルパターンで「伝えたいこと」を書く

「伝えたいこと」をとことんシンプルにする

さて、「アイツにまんまといっぱい食わされた！」の一文は、シンプリフィケーションの結果、「彼にだまされた」という日本語におき換えることができました。

ライティングの作業はここからがスタートです。この単純化された日本語を英語におき換えなければなりません。その際、用いる英語も徹底的にシンプルにする必要があります。**英語を徹底的にシンプルにするには、スピーキングの章で紹介した「シンプルパターン」を当てはめることです。**

ライティングの基本的な技能はスピーキングとイコールですから、ライティング力アップの鍵となるのは、スピーキング同様、シンプルパターンなのです。そこで、この一文では、「S＋V＋O」の文型を使って、〝He deceived me.〟とします。

もちろん、「だまされる」を意味する日本語は、「キツネにつままれる」や「足をすくわれる」「口車に乗る」など、たくさんあります。しかし、伝わることのほうが大事だからこそ、英文を書くのにこんな風に気の利いた言いまわしには一切こだわりません。「だます」なら〝deceive〟を使えば十分です。

気の利いた言いまわしは、その言葉のネイティブスピーカーだからこそできる技です。ノンネイティブが最初から難しい表現を使おうとすると、わけのわからない文章になってしまいます。

文章は相手に伝わってこそ意味があります。難しい言葉や気の利いた言いまわしでカッコつけるよりも、シンプルパターンを使ってすっきりとまとめることのほうが、最初の段階では大切なのです。そうすれば大きな間違いを犯すことはありません。また、自分の言いたいことを確実に相手に伝えることもできるのです。

ACTION!

日本語のシンプルな表現を、英語のシンプルパターンを使ってまとめよう

SECTION

03

ライティング

高校1年までの日本語力・英語力で英語は書ける！

「小学生にわかるように話す」が、シンプリフィケーションのコツ

ライティング力をアップさせるには、主に次の3つが土台になります。

①日本語をシンプリフィケーションするスキルを高める
②英語のシンプルパターンを増やす
③単語、熟語、フレーズを増やす

この項では、①と②について解説します。

すっきりとした英語を書く第一歩は、情報を整理統合して、一番言いたい「骨」、つまり「意味の骨格」の部分を日本語でハッキリさせることです。これが、日本語をシンプリフィケーションするスキルです。

以下の文の内容を英語ですばやく伝えるとします。

ライティング力に必要な3つの土台

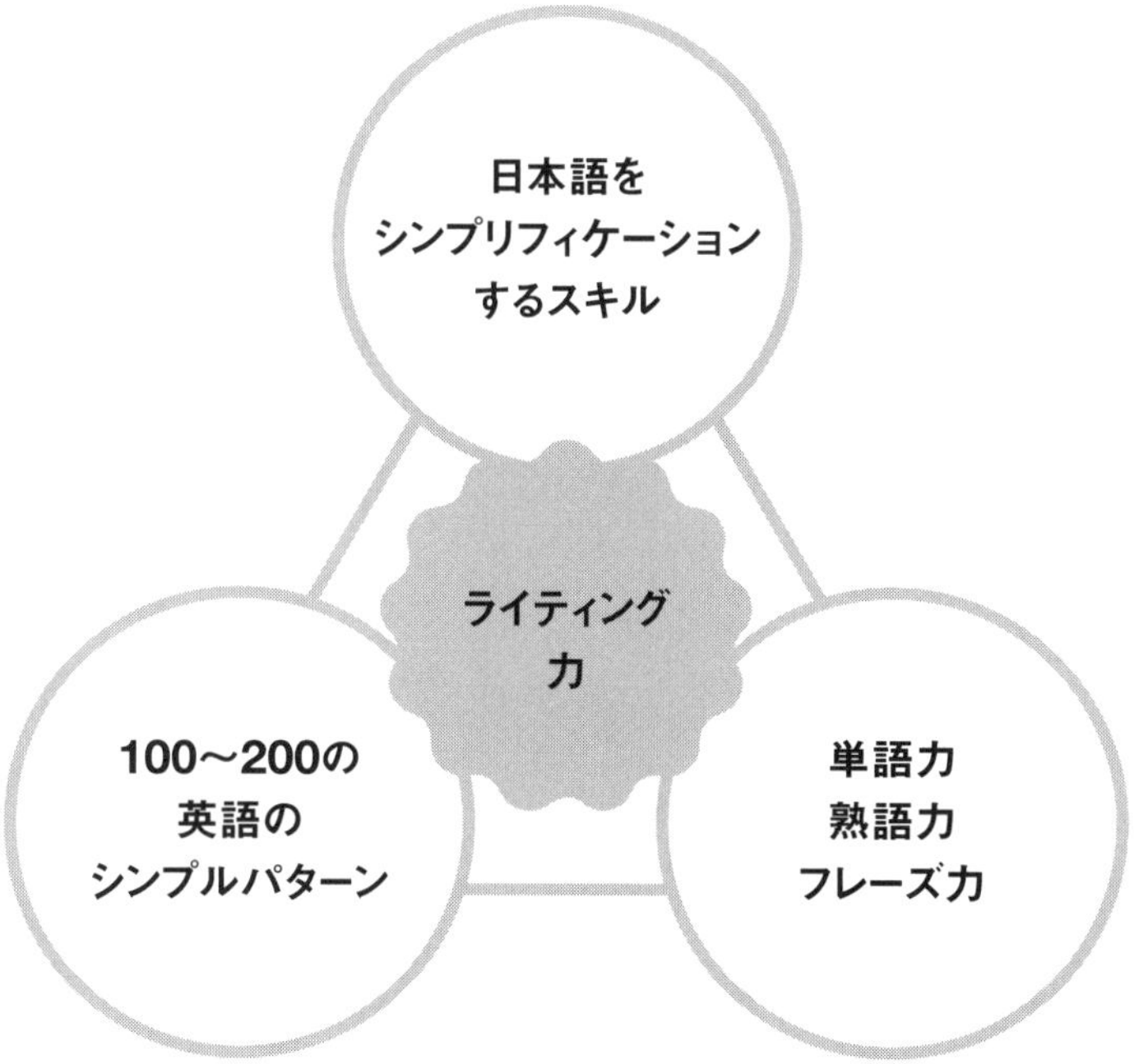

「死が人間にとって苦痛であるのは、自分がこの世界から消え去ったとしても、世界は変わることなくあり続けるということを、受け容れることができないからである」（『夏目漱石は思想家である』神山睦美著／思潮社）

たとえば、目の前に小学生の子どもがいると想定してください。この子どもにもわかるように文の内容を日本語で言い換えるとすれば、どのように表現しますか？　私なら、次のようにします。

「ぼくらは死ぬのが怖いよね。自分がいなくなっても、世界は変わらないよね。そのことが受け入れられないんだ」

これだったら小学生にもわかります。これが「意味の骨格」です。

微妙なニュアンスの訳出はプロの領域とわきまえる

次に、これを英語にします。日本語をシンプリフィケーションすることで明確にした意味の骨格を、シンプルパターンで伝えればよいのです。

"We are afraid to die. Even after we die, the world will not change. We can't accept that."

あなたが翻訳者を目指すならば、もちろん、この英語では失格です。プロならば次のような英語が書けるでしょう。

"For human beings, death is nothing but pain. We feel that way because we can't accept the fact that the world continues to exist, and remains the same even after we disappear."

しかし、私たちが今必要としているのは、微妙なニュアンスまですべて訳出するという、専門家が10年以上かけて習得する特殊技術ではなく、自分の言いたいことを確実に伝える技術です。

プロの域を目指すのはずっと後の段階です。まずは、第一歩として、通じるシンプルな英語が書ければ十分なのです。

ただし、どれほど意味の骨格をハッキリさせる技術が身についても、それをきちんと表現できるシンプルパターンを持ち合わせていなければ、言いたいことは伝わりません。そのためにも、高校1年生までにやった基礎英文法の学習をしっかりやってください。

ACTION!

まずは日本語で言いたいポイントをまとめる力をつけよう

シンプルパターンで英語を書く

1

原文	去年、彼女が書いた本は あまり人気を博していない。
シンプリフィケーション	去年、彼女は本を書いた。 それはあまり人気がない。
英文	**She wrote a book last year. It is notvery popular.**

2

原文	ティムは日本語に飽き足らず、 中国語にも手をのばしているよ。
シンプリフィケーション	ティムは日本語だけでなく、 中国語も勉強している。
英文	**Tim studies not only Japanese but also Chinese.**

SECTION

04

ライティング

英語の資格試験は、語彙力増強のチャンスになる

英検1級受験のために、約半年で1万語レベルを攻略！

ライティング力アップの土台の3つ目が、「語彙と表現を増やすこと」。難しい文法を使って書く必要はありません。しかし、語彙や表現に関しては、中学レベルではたいした内容は書けません。語彙習得には、いろいろな工夫が必要です。学校で、文法を習ったり会話の練習をしたりすることはできますが、語彙は自分で努力しないかぎり絶対に増えないからです。

実際、私の通っていた大学もそうでした。会話の練習はできるし、エッセイも添削してもらえる。でも、語彙が増えるわけではありませんでした。そこで大学1年生のとき、私が利用したのが資格試験。**語彙を増やすという目標をつくるために、英検を受けることにしたのです。**じつは、私はそれまで英検を受験したことがありませんでした。このときが初めての受験。クラスメートたちがみな1級を目指しているのに自

分だけ準1級というのも悔しいので、私は無謀にも1級に挑戦することにしました。しかも、「入試に受かったのだから、受かるだろう」と、何も対策を立てず受験しました。結果、見事落っこちてしまいました。一方、同じ試験場にいたクラスメートは合格。それですっかりイヤになってしまって、それからしばらくは英検を受けないでいました。

しかしながら、3年生の終わりに再度受験を決意。4年生の春の受験に向けて問題研究をスタートしました。そこで気がついたのが、大量の語彙をマスターしなければとても合格できないということ。約半年かけて1万語レベルともいわれる語彙の攻略に挑みました。そのかいあって一次試験には合格。二次試験には不合格でしたが、次の回の受験で、何とか滑り込みで在学中に合格しました。

「資格試験の合格」を短期目標にすれば、いい刺激になる

英検1級を取得した後は、調子に乗って国家試験の「通訳案内業」(現・通訳案内士)に挑戦。この試験に合格するためには、英検とは異なる種類の「観光に関する単語」や「時事単語」をたくさんマスターしなければなりません。これも、試験を目標に、半年ほどかけて頑張りました。

その後も、ビジネス英単語をマスターするためにTOEICを受けてみたり、国際関係の単語を学ぶために国連英検を受験したりと、語彙力を増やすための目標として、資格試験を利用していました。

勉強には短期目標と長期目標が必要です。長期目標は「英語が使えるようになる」ですが、短期目標に「資格試験の合格」を据《す》えると、学習のいい刺激になります。日本には英語の資格試験が簡単なものから難しいものまで数かぎりなくそろっています。自分に合ったレベルと内容の試験を探して学習の目標としましょう。たとえば、TOEIC試験が難しすぎると感じる人は、それよりもやさしいTOEICブリッジ試験を受けるという方法があります。

もちろん、資格試験に縛られるあまり、勉強スタイルが偏りすぎないようには注意すべきです。あくまでも、テストは効果測定なので、絶対的な目標には据えないように気をつけてください。

ACTION!

資格試験を上手に利用して語彙力アップを目指せ

SECTION

05

ライティング

日々の生活のなかで語彙を増やす方法

電子辞書などを携帯し、見たものすべてを英語にする

日々の生活のなかで語彙を増やす方法もあります。**和英辞典を片手に、家のなかや街で見かけるものをすべて、英語で言えるようにしてしまうのです。**

たとえば、小型の電子辞書やスマートフォンをつねにポケットに入れておき、「『本棚』って英語で何というのかな？」といった感覚で調べ、それをメモに書きとめます。その場でメモを取らなくても、ブックマーク機能を使用すれば、後から自分が調べたものをまとめて確認することもできます。私はこの機能を使って、過去に調べたものを紙に書いてトイレの内側の扉に張り、その都度、見直したりしていました。そうすれば、ＴＯＥＩＣ試験の写真描写問題にも役に立ってきます。

映画や小説、音楽の原題で、忘れにくい語彙が増える

映画が好きな人は、**映画の原題を覚えるのもよい方法**です。

たとえば、『愛と青春の旅立ち』の原題は、『An Officer and a Gentleman』(士官たるもの紳士たれ)。映画の内容とリンクして、"officer"(士官)という言葉を確実に印象づけることができます。音楽や小説などのタイトルでもよいでしょう。趣味の分野から吸収できる語彙は、楽しく覚えることができます。

前に、『名探偵コナン』のアメリカ版DVDを買ったところ、タイトルが『Case Closed』となっていました。この意味を調べてみると、「一件落着」。これでもうこの表現を忘れることはありません。

ACTION!

目に入るモノをすべて英語に。TOEICにも役立ち一挙両得

SECTION

06

ライティング

英文を書いて発信することで書く力はついていく

オンラインゲーム、通販、アマゾンなど、書く機会はたくさんある

当たり前のことですが、ライティングが上手になるためには、「書く」しかありません。とはいえ、日本でただ生活しているだけでは、なかなか英語を書く機会はありません。そこで、**インターネットやメールをフルに活用して、英語を書く機会を増やしていきましょう。**

たとえば、国際的なオンラインゲームに参加するなど、英語を使わなければ楽しめない状況をつくります。「ああでもない、こうでもない」と考えながら英語でメッセージを発信するようになるでしょう。

インターネットを利用して、外国のサイトから通信販売でモノを買ってみるのもオススメです。この場合、電子メールのやりとりを通じて英語を書くことになります。

インターネット上の趣味の掲示板に参加して、英語を書くのもよいでしょう。自分

の意見に対して、ほかの国の人からさまざまな反応が返ってきて、楽しめます。また、映画や本のレビューをアメリカやイギリスの「Amazon」(http://www.amazon.co.jp/から他国版アマゾンにアクセスできます)などに、英語で書き込んでみるという方法もあります。

短いメッセージを発信するSNSで英語を書く習慣をつけよう

なかでも英文を書くことに慣れるのにお勧めなのが、TwitterやFacebookなど、さまざまな人と交流するSNSです。日本語でこうしたSNSを利用されている方もいらっしゃるでしょう。

SNSの大きな特徴は短い文章で近況や感想、考えなどを発信する点です。Twitterですと「新幹線が遅れていて、ミーティングに遅れそうだ」など、「起こったこと」をつぶやいただけの簡単なメッセージが数多く発信されています。Facebookでも「今日の夕食は栗ご飯をつくった」「ハワイに旅行してきた」といった日々の出来事を紹介する短い文章が中心です。これくらいの短い文章ならば英文でも挑戦できるのではないでしょうか?

英文でブログを書こうとすると、構成を考え、それぞれの文章を考えなくてはなりません。かなりハードルが高い作業となります。しかし、**SNSで日々の出来事を1センテンス、2センテンスで書くことなら初級者でもちょっと頑張れば可能です。**

なお、少々英文が間違っていても誰も気にしません。

実際にSNSで発信されるメッセージを読んでみると、ネイティブも多くの書き間違いやスペルミスをしています。これは私たちがケータイメールをするときに、ミスタッチや変換ミスをしたり、ちょっと文のつながりがおかしかったりするのと同じです。SNSはじっくり推敲した文章を発表するメディアではなく、そのときそのときの気持ちや考えをさっとスピーディーに書いて発信するメディアです。少々、変なところのある文章でも誰も気にせず、お互い楽しく交流しています。

ですから、気軽に英文を書いてどんどん発信していきましょう。

1日1メッセージをSNSで発信しよう

これまで、英文をあまり書いたことがないという人は、とりあえず1日1回1センテンスの英文メッセージを発信することからはじめてみましょう。その日の朝食や昼食メニューの紹介でもいいですし、目の前で起きたちょっとした出来事、映画やテレビドラマのシンプルな感想でもいいでしょう。もちろん、日常を離れて「富士登山をついに達成」といった晴れの日のメッセージもどんどん載せてください。

たとえば、〝I had lunch with an old friend at Asakusa〟とか〝I'm going have lunch with a friend in Jinbocho. Do you know a good restaurant in Jinboucho?〟などの非常にシンプルで「現場報告」のような英文でオッケーです。写真を一緒に載せても楽しいですね。

こうした英文はノートに書きためていくだけでも、もちろん効果がありますが（英文日記もお勧めです）、SNSですと自分の文章を世の中に発信するという軽い緊張感があります。これが刺激になり、励みにもなるのです。誰かが読んでいるとなると、気持ちに張りが生まれます。**「書く」という作業はエネルギーが必要ですから、ワクワク感や気持ちの高揚があったほうがつづけやすいのです。**

外国人や英語を使う人たちと積極的に「フォロー」し合ったり「友達」になったりして、英文メッセージを読んでもらうようにするといいですね。彼らがどんな英語を書いているかを読むのもとても参考になります。

また、相手から思わぬ反応もあるかもしれません。

「久しぶりに〇〇で蕎麦を食べた」といったメッセージに「私も好き」「その店はど

こにあるのか」といったシンプルな反応が返ってくるだけでも嬉しいものです。こうしたところがＳＮＳのよいところです。

次第に英文を書くことに慣れ、発信メッセージが増えるにつれ、人との交流も広がっていきます。英語ネイティブだけでなく非ネイティブともつながります。非ネイティブの簡潔な英文でどこまで表現できるのかを学ぶのもよいでしょう。

日本にいながらでも、気軽に世界のさまざまな国の人と英語で交流ができるようになったのはありがたいこと。ぜひインターネットをフルに活用しましょう。

ACTION!

SNSに日々の生活を英文で発表しよう

SECTION

07

ライティング

お金を払ってでも「添削→確認→矯正」を習慣にする

書いた英文はネイティブにチェックしてもらおう

英文ライティング力を身につけるには、まずは書くこと。最初はうまく書けなくてもかまいません。悪戦苦闘しながら自分で考えて書いていくことに意味があります。短い文章でよいので、ぜひとも毎日英文を書く習慣をつけましょう。

さて、ライティング力を高めるための次の段階としては、書いた文章を英語のできる人、できればネイティブにチェックしてもらうことがとても大事です。文章の上達には添削してもらうことが一番だからです。

英会話スクールなどに通っている人は、毎回テーマを設定してレッスン前に200語くらいのエッセーを書いていき、ネイティブスピーカーの先生に添削してもらってはいかがでしょうか。Facebookやブログに載せる英文をチェックしてもらってもいいですね。無料で添削してもらうのが無理ならば、一定の添削料を支払いましょう。それならば、先生も必死でやってくれるはずです。

なお、文章の添削をするにはそれなりの言語能力が必要です。添削には、単につづりが合っているか、文法が合っているかというだけでなく、言いまわしとして自然か、さらには文の構成や展開は適切かといったさまざまなポイントがあります。**添削してくれる人の言語能力が高いほど、適切な添削をしてもらえます。**添削の理由も説明してくれるネイティブが理想ですが、とりあえずは「この表現はおかしい」と指摘してくれるだけでも、随分参考になります。

大学時代、私が受けていた授業では、宿題として毎回必ず英語のエッセーを提出しなければなりませんでした。担任のドイル先生は毎回それらを丁寧に読み、添削し、感想を書いて戻してくれました。

そこで、私は戻ってきたエッセーの赤字が入っている部分をしっかり確認し、表現を矯正していきました。すると、だんだん赤字の数が少なくなっていき、1年後には10分の1くらいにまで減っていきました。

この「添削→確認→矯正」の習慣は、いまだにつづけています。

雑誌や新聞のコラム、読解練習用のエッセーなどを英語で書く場合、今でも私はかならずネイティブスピーカーに添削してもらっていますが、その際、赤字が入った部分については、しっかりと勉強し直すようにしています。

昨今は、インターネットによる英作文の添削サービスがたくさんあるので、積極的にそれらを利用することをオススメします。たとえば、「ポリゴ」(http://poligo.com/)というサービスでは、プロのネイティブ講師が、英作文に関して添削や細かなアドバイスをしてくれます(233ページ参照)。

(233ページ参照)

ライティングが上手になるためには、多少お金がかかっても、こうした添削の機会を自発的につくり、自分の英語を矯正していってください。

ACTION!

ネイティブの添削がライティング上達の早道

SECTION 08

ライティング

エッセーは、骨格を決めれば書ける

エッセーは「3段構成」で組み立てる

最近では、多くの資格試験や入試で、英文エッセーを書かされる機会が増えてきました。この項では、もっとも基本的なエッセーの組み立て方を紹介します。

英語のエッセーにも、スピーキングのときに紹介した**「3段構成」での文章の組み立てを使います**。この方法を用いると、とてもよくまとまった文章になります。

3段構成とは次の通りです。

①主張
②理由・サポートするための具体例・反論
③一歩進んだ結論

最初にまず、自分の【主張】を表明します。

次に、その【理由】や【サポートするための具体例】、または【反論】などを出し、主張に説得力を持たせます。

最後に、全体を受けて、冒頭の主張から【一歩進んだ結論】を述べます。

字数の多いエッセーを書かなければならない場合は、2番目の【理由】のところを2つ、3つに分割して、"Firstly because …… / Secondly because ……" と展開していくこともできます。

具体的には、231〜232ページのような流れになります。

とにかくシンプルに考え、あれもこれもと詰め込まない

さらに、英検1級やTOEIC SWテストなどの試験では、ライティングのスピードも重要です。そのためには、出題されたテーマに対して、即時に反応できなければいけません。

あるテーマが出されたら、30秒くらいで3段階の組み立てを完成させ、そこにシンプルパターンを当てはめて、ひとつひとつの文を書いていくのです。

テーマに対する反射神経を鍛えるためには、とにかくシンプルに考えることです。

枝葉から考えるのではなくて、まずは骨格をつくることが大切です。

生徒のみなさんのエッセーを添削していていつも思うのが、「欲張りすぎ」だということです。

たとえば、「環境問題」というテーマが出された場合、「温暖化も、オゾン層も、熱帯雨林も、エネルギー問題も……」と、ひとつの文章のなかにあれもこれもと詰め込みすぎるのです。たとえば、こんな感じです。

「今、温暖化が問題となっている。また熱帯雨林も減少している。私たちは生物のすみかとなっている森を守る努力をすべきだ。そして酸性雨を防ぐべきだ。湖の魚が死んだり、木が枯れたりする原因ともなっている酸性雨を防ぐ努力を怠ってはならない」

これでは、まとまりのない内容になってしまいます。

まずは、言いたいことをひとつに絞りましょう。次に挙げるエッセーのように、温暖化なら温暖化で、内容を絞り込むのです。

英文エッセーの書き方

鉄則

英文エッセーは「3段構成」で書く!

主張

- I believe that ～.

↓

理由／サポートするための具体例／反論

- Because ～.
- For example, ～.
- On the other hand ～.

↓

一歩進んだ結論

- So ～.

英文エッセーの例

主張

When you learn a foreign language, paradoxically, it is also very important to study about your own country.

理由・具体例・反論

Even if you speak a foreign language, you can never challenge your identity. Most of the questions people ask you will center around your own country.

For example, when I went to the United States, contrary to my expectation, almost all the questions people asked me were about Japan. I was very ashamed when I couldn't answer their questions. Even if you speak the language well, you're not respected, if you forget your cultural identity.

一歩進んだ結論

So, people learning a foreign language should bear in mind that learning a foreign language doesn't mean changing your cultural identity but rather understanding your culture better, in order to introduce it to the outside world.

「現在、地球温暖化が急速に進行しているのは、疑いのない事実だ。この状況を放置すると子どもたちの世代の地球には、さまざまな災難が到来すると予測されている。かつて人類がたくさんの苦難を乗り越えた際に発揮した英知を、今こそ温暖化阻止のために結集すべきである」

そのほか、日本人のエッセーにありがちな悪いパターンとして、結論や主張を“Yes or No.”のように、グレーにしてしまうことがあります。これでは結局何が言いたいのかわからないエッセーになってしまいます。

「YES」か「NO」かの結論は、はっきりさせましょう。

ACTION!

エッセーは内容を絞りこみ、YES／NOをはっきり書こう

SECTION

09

ライティング

自分のことや日本を紹介する英文を書いて、ライティング力をつける

自己紹介の英文を書いて、いつでも言えるようにしておこう

ライティング上達の道はとにかく書くことからはじまります。しかし、そもそも何を書けばいいか、悩んでしまう人も多いでしょう。そうした場合はまず**「自己紹介」の英文からはじめてみましょう。**

自己紹介は実際のコミュニケーションの場ではしょっちゅう必要になります。ですからライティングの練習というだけでなく、英文を完成させて、メールや会話で使えるようになれれば一石二鳥です。

自己紹介といってもいろいろなバージョンがあります。仕事関連での自己紹介なら、名前に加えてどこの会社でどんな仕事をしているか、今までどんな仕事をしていて、今後はどんな仕事がしたいか……といったビジネス関連の内容が中心になるでしょう。

もっとカジュアルな場面、たとえばホームパーティーや旅先で出会った人に対して

ならば、仕事の話は簡単にして、住んでいる場所の紹介や、子育てに忙しいとか、料理をつくるのが好きだといった、よりパーソナルな情報を入れたほうが親しみやすいですね。**「オフィシャルバージョン」「パーソナルバージョン」「カジュアルバージョン」などいくつかのタイプに分けて自己紹介の文章を書いてみましょう。**

書き上げた英文は、何らかの形でネイティブにチェックしてもらってください。英会話レッスンに通っている方は、発音や話し方についてもアドバイスしてもらいましょう。そしてしっかり自己紹介文を覚えて、スラスラ言えるようにしておきます。とりあえず、いつどこででも自己紹介だけは英語でできるのですから、英語を話す敷居がぐんと低くなります。

日本の文化や習慣について語れると人気者に？

自己紹介のほかに、日本のことについて書くというのもお勧めです。

といっても「日本の伝統文化とは～」と大上段に解説をしなくても大丈夫です。衣食住などごくふつうの生活のディテールや流行、習慣やイベントなどを紹介すればいいのです。たとえば納豆やみそ汁などスタンダードな日本食の説明や人気のアイドルやマンガの紹介、コンビニエンスストアにどんなものが売られているか、でもいいでしょう。あるいは近所の商店や地下鉄の様子について表してもいいです。**日本人からすると当たり前の何でもないことが、むしろ外国人には興味深く、面白いようです。**

こういうことは、いざ質問されると説明するのがなかなか難しいもの。あらかじめ日本紹介の文章をストックして、いつでも言えるようにしておくと、外国人との会話が弾むこと請け合いです。こちらもネイティブに添削してもらえると、なおいいですね。

また、Facebookやブログに発表するのもお勧めです。日本についての紹介を載せると、外国人読者がぐんと増えるかもしれません。写真も掲載するとさらに、外国人から注目されることでしょう。

書いた英文はネット上に保存していこう

書きためた英文はパソコンのファイルに保存しましょう。書き直して磨き上げていってもよいですね。

ふつうに文書ファイルで管理してももちろんよいですが、最近はインターネット上のクラウドストレージで管理するのが便利です。

エバーノートやドロップボックス、グーグルドキュメントなどのクラウドサービスを利用して**「自己紹介ポケット」「日本紹介ポケット」といったフォルダをつくり、そのなかに文書を保管するのです。**クラウド上での管理なのでwifiに繋《つな》がれば、いつでもどこでもノートパソコンで書いた英文が保存できたり、以前書いた文章を参照することができたりします。

まずはフォルダーをつくって英文を書く習慣をつけましょう。そして英文が増えてきたら、ブログなどで発表したり、英会話のネタやスピーチ原稿として活用していきましょう。結果としては書くことと話すこと両方に大きな効果がありますので、ぜひ実行してください。

ACTION!

日本の文化や習慣を紹介した英文をブログに載せてみよう

私のオススメ教材リスト　――ライティング編――

初～中級

『入門編　英作文のトレーニング』（石神勉・著／Z会出版）

100 の例題が出され、その答案例に対してネイティブによる添削が赤字で入っている。どのような表現が正しいのか、間違っているのかを理解し、正しい文例をすべて暗記しよう。

インターネット添削サイト「ポリゴ」（http://poligo.com/）

オンラインでプロの英語講師が英文の添削やアドバイスをしてくれるほか、英語に関する質問にも答えてくれるサービス。ウェブには日本語でサービスの説明が表示。決済はクレジットカード。

CHAPTER6

単語や熟語を「忘れない記憶」にするための暗記術

SECTION

01

単語はネットワーク化して覚える

単語や熟語の暗記には、五感や体全体を使う

英語をはじめとした語学の勉強は、語彙力増強との闘いともいえます。語彙力を増やすためには、さまざまな手段を駆使しなくてはいけません。

私自身、英語の勉強をはじめてからというもの、何度『ドラえもん』の「アンキ（暗記）パン」をほしいと思ったことか。でも、「アンキパン」はこの世に存在しないわけですから、やはり語彙力は自力で増やしていくしかありません。

実際、単語を暗記するためにありとあらゆることにチャレンジしましたし、今もそうしています。そのなかで強く感じるのは、**「ただ眺めるだけではなく、五感や体全体をさまざまな方法で使うなど、工夫して覚えるべきだ」**ということです。

この章では、私がこれまでに挑戦してきた単語や熟語の記憶法のなかから、とくにオススメの方法をいくつかご紹介しましょう。

テーマごとに単語をネットワーク化する

そのひとつが、英単語のネットワークをつくって覚えるという方法です。

まず、テーマを決めます。たとえば、「政治」というテーマにしたとしましょう。

そこから、和英辞典を片手に、

「民主党（The Democratic Party of Japan）」

「自民党（Liberal Democratic Party of Japan）」

「社民党（Social Democratic Party）」

「国会（diet）」「議員（member）」

……と、「政治」に関連する単語をネットワーク化していくのです。

英単語にしろ何にしろ、単体で覚えたものはすぐに忘れてしまいます。

以前、ニュースで外国人の円周率記憶名人を取り上げていました。彼は、２けたの数に人物を割り振って覚えていると語っています。

たとえば、「12」をクリントン元大統領、「58」をモニカ・ルインスキーとして、

「1258」の場合、「クリントン元大統領がモニカ・ルインスキーに抱きついた姿」をイメージして覚えるようなやり方です。

数字をそのままの形で覚えてもすぐに忘れてしまいますが、このように別のものにおき換えてイメージで覚えてしまえば、忘れにくい記憶となります。これもネットワーク化のひとつだといえます。

実際、私自身、単語をネットワーク化してかたまりで頭のなかに入れておくと、なかなか忘れないことを経験しています。

接頭辞や接尾辞でネットワーク化する

こうした「意味」によるネットワーク化のほかに、「語源」によるネットワーク化もあります。

たとえば、「下」を意味する接頭辞〝sub-〟。これがついた単語は、何らかの形で「下」に関係した意味になります。

〝submarine〟は、「marine（海）の下」だから「潜水艦」です。

〝subconsciousness〟は、「conscious（意識）の下」だから「潜在意識」のこと。

〝subway〟は「way（道）の下」だから「地下鉄」……などなど。

単語はネットワーク化して覚える

[意味のネットワーク化]

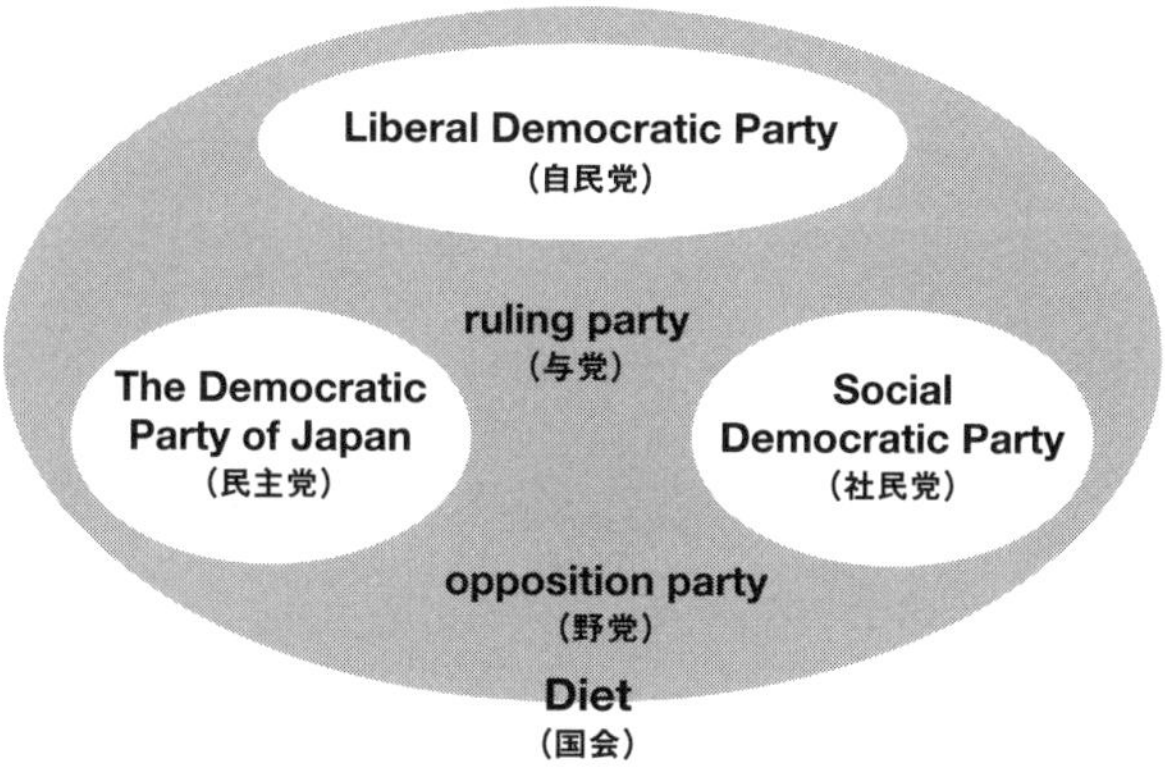

[語源のネットワーク化]

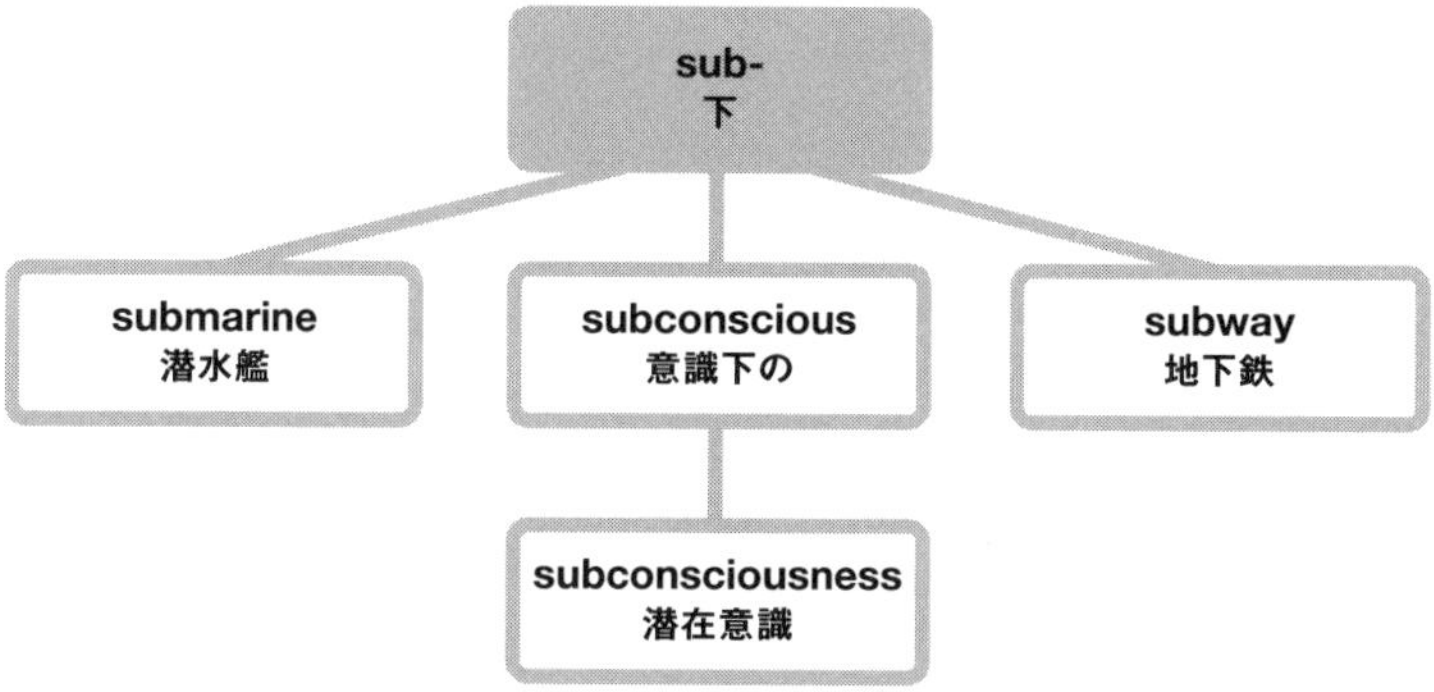

このように接頭辞や接尾辞でネットワーク化していくと、忘れにくくなります。

ただし、ネットワーク化したらそこでおしまいでは、単なる作業で終わってしまいます。私が勉強で鉄則にしているのは、ノートと暗記を「1：1」にすること。つまり、書いたものはすべて覚えるということです。

ネットワーク化した単語は、通勤・通学中や昼休みなど、時間を見つけてしっかりと覚えていってください。

ACTION!

意味や語源などで単語をネットワーク化すると覚えやすい

SECTION

02 単語カードを3つの山に分けて、繰り返し覚える

カードはつねに携帯し、即答できるまで何度も繰り返す

私が学生時代からよくやっている単語の暗記方法が、カードを使った記憶法です。用意するのは名刺サイズくらいのカードです。まず表面に「単語」とそれを使った「英文」を書き、裏面には「意味」と「発音記号」などの必要事項を記入します。

何十枚か書き終わったら、覚えたかどうかのチェックです。正解を「すぐに言えたもの」は右側に、「ちょっと悩んだもの」は真ん中に、「どうしても出てこないもの」は左側にと、チェックテストをしながらカードを3つの山に分けていきます。

すべてのカードをチェックし終えたら、真ん中の「ちょっと悩んだもの」と、左側の「どうしても出てこないもの」を肌身離さず持ち歩き、何度も繰り返しチェックしていきます。即答できるようになったカードは、「すぐに言えたもの」の山に入れていきま

す。

すべてのカードが「すぐに言えたもの」となったら、もう一度、全部をシャッフルして、また最初のチェックテストを行います。そして「すぐに言えたもの」以外はふたたび持ち歩いて、チェックを繰り返します。

そのうえですべて即答できるようになったら、再度まぜこぜにして最初に戻ります。そして最初のチェックテストの段階で、すべてのカードが「すぐに言えたもの」となるまで、持ち歩き、チェックを何度でも繰り返していきます（２４８～２４９ページ図参照）。

「皿まわし暗記術」で、覚えた後もメンテナンスする

さらに、チェックの作業は、ここで終わりではありません。人間の記憶は、そのときはすべて覚えられても、数カ月後にはすっかり忘れてしまうものです。

私の勉強法のなかに「皿まわし暗記術」というものがあります。暗記できたからといってそこでおしまいにするのではなく、覚えた後もしっかりとメンテナンスをして、つねに覚えている状態にするという方法です。

この単語カードの暗記でも、すべてのカードが「すぐに言えたもの」となったらそこで終了にするのではなく、定期的にチェックテストを繰り返します。こうした反復の暗記で、単語力は着実にアップしていくのです。

単語カード方式のメリットは、記憶の薄いところを取り出し、そこを集中攻撃できることです。人間の記憶には、薄い部分と濃い部分が必ず出てきます。単語カードを使えば、そうした記憶の穴ぼこを埋めていくことができるのです。

1回につくるカードは50枚を限度にすること

単語カードのもとになるものは、単語集だったり自分が使っている問題集だったり、何でもいいでしょう。

ここで注意したいのが、つくることばかりに喜びを感じないことです。ノートやカードづくりに命をかけている人をよく見かけます。しかし、**ノートやカードに書かれた知識は頭のなかに記憶されてこそ意味があります。**単に書かれたままでは何の意味もありません。それならば、ノートもカードもつくらないほうがましです。

STEP4

すべてが即答できるようになったら、
再びシャッフルしてSTEP1～3をくり返す。
STEP1ですべてのカードが「すぐ言えたもの」になったら、
ひとまず終了

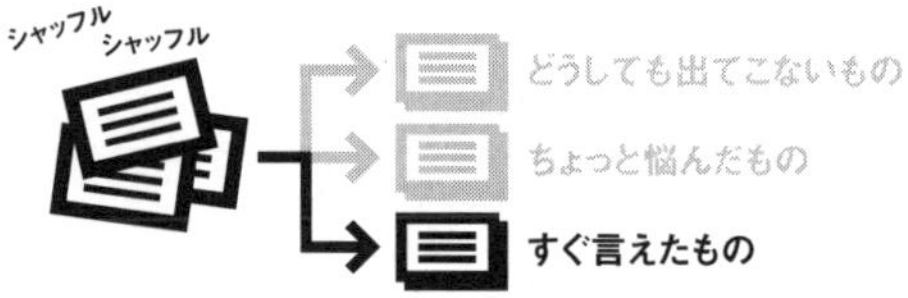

STEP5

STEP1～4を定期的にくり返すことで、
記憶にしっかり定着できる!

単語カード

表

The results were just the inverse of what we had expected when we began the experiment.

単語や、それを使った英文を書く

裏

inverse
[invə́:(r)s]
逆、正反対
=opposite

意味や発音記号などを書く

単語カードの暗記法

STEP1

チェックテストをして3つの山に分ける

STEP2

下の2つをつねに携帯し、即答できるまでチェックを繰り返す

STEP3

**全部をシャッフルし、もう一度STEP1～2を行い、
すべてが即答できるようにする**

勉強と作業はちがいます。ノートやカードづくりは「作業」です。それを暗記し、きちんと頭のなかに入れることが「勉強」です。

だからこそ、カードは一度にたくさんつくりすぎないこと。50枚くらいを限度にして、少しずつ増やしていきましょう。

ACTION!

カードを使って単語を何度も何度も覚えて定着させよう

SECTION

03 パソコンやスマートフォンを単語学習に利用できる時代に

単語カードを電子化していつでも学習

単語カードを使った学習法は、学生時代から私がずっと行ってきたやり方です。

しかし、じつは最近、私の単語学習法はがらりと変わりました。いや、学習方法のコンセプト自体は同じなのですが、その**ツールが紙からパソコンやスマートフォンにすっかり移行してしまったのです。**その大きな理由はここ数年でパソコンの性能が紙に引けをとらないくらいよくなったことです。起動が速くなり、軽量化もしましたし、バッテリーも長持ちします。スマートフォンもパソコン並の機能があります。

そのため、単語学習で私が学生時代からずっと紙のカードを使ってやってきたことが、より効率的に、電子機器を使って行えるようになりました。

今、私は単語の学習では紙のカードにまとめるということはしていません。すべて電子化しています。

たとえば苦手な単語だけを集中的に練習したり、シャッフルして無作為に単語のテストをしたりといった学習法はITツールに非常になじむもので、とても便利です。

私が使っているのは「iFlash for Mac」というMac版のソフト。アメリカの会社が開発したソフトで、基本的には紙のカードをつくるときと同じように情報を入力していきます。単語のつづり、意味、おまけに発音をオーディオデータとして加えることもできます。

こうしてつくった電子的な単語カードはフラッグを立ててマークすることができるので、覚えたものは次には出題しないようにして、苦手なものだけを集中的に勉強したり、シャッフルして自動出題することも、簡単な設定、クリックひとつでできてしまいます。

さらに短文の穴埋め問題もつくれます。よく使うフレーズや熟語、定型表現を覚えるための「特訓カード」ができるのです。

目的やレベルに応じて自分用の学習トレーニング教材をカスタマイズして学んでいけるという点がITツールの強みだと思います。

スマートフォン向け単語カードアプリも登場

最近は空き時間に、英語と韓国語の語彙の勉強やクイズ問題の練習で、よく「iFlash for Mac」を使っています。このソフトと連動するiPhone用の「iFlash Touch」（http://www.loopware.com/iflashtouch/）という無料のアプリも出ているので、Macのパソコンとi Phoneとで内容を共有して使うことができます。

そこで、比較的時間がゆったりあるときはノートパソコンを開き、ちょっとした隙間時間や移動中はコンパクトなiPhoneでトレーニングしています。

もちろん、パソコンは使わないという人でも、iPhoneに「iFlash Touch」を入れてトレーニングすることが可能です。

なお、単語カード・ソフト（フラッシュカード・ソフト）はほかにもMac版、Windows版、スマートフォン版のさまざまなソフトやアプリがあります。たとえばスマートフォン版では

・iPhone対応だと「i単語帳」（http://fc.aill.org/）

・アンドロイド対応だと「単語帳 for android」
（https://play.google.com/store/apps/details?id=sonoshou.wordlist）
などがあります。

電子版の単語カードは、最初にまとめて入力するのが少し大変かもしれません。この場合も、一度にまとめて大量の単語を入れず、学習した単語から入力していくことをお勧めします。すでに一度は学んだ単語を単語カードに入力することでより記憶が深まり、その後パソコンやiPhoneで繰り返し練習することによってしっかりと頭に定着していくからです。

紙のカードを使った学習はもちろん効果的ですが、もしもパソコンを使うのが好きなら参考にしていただけたらと思います。

ACTION!

パソコンやスマートフォンを上手に利用して単語を覚えよう

SECTION

04

「熟語の達人」になるには、英文法の型を意識して覚えること

"pick up"と"get over"の違いとは?

英熟語を効率よく暗記するには、英文法の型を意識することが重要です。というのも、**英熟語は文法的な型を理解しなければ上手に使うことができない**からです。

たとえば、"pick up"と"get over"という熟語があります。これは同じ種類の熟語ですか? それとも、異なる種類ですか? 一見、似たように見えるのですが、答えは「異なる種類」です。ふつうの名詞を目的語とする場合、"pick up the pencil"、"get over the difficulty"となり、どちらも〈pick up＋名詞〉〈get over＋名詞〉で、その違いに気がつけません。

ところが、名詞の代わりに代名詞が入る場合はどうでしょう。

"pick up"は"pick it up"、"get over"は"get over it"となり、"it"のおかれる

位置が変わってきます。これは、〝pick up〟の〝pick〟は他動詞、〝up〟は副詞なのに対して、〝get over〟の〝get〟は自動詞、〝over〟は前置詞であるという違いがあるからです。

このように、熟語の場合は、〈他動詞＋副詞〉か〈自動詞＋前置詞〉かなど、ある程度、自動詞・他動詞の区別といった文法的な知識にも目を向けると、後々、正しく使うことができます。

ACTION!

熟語は必ず文法とセットでマスターしよう

“pick up”と”get over”のちがい

pick up → 目的語が「名詞」か「代名詞」かで、そのおかれる位置が変わる

pick（他動詞） up（副詞） the pen（名詞・目的語）.

pick（他動詞） it（代名詞・目的語） up（副詞）.

get over → 目的語が「名詞」でも「代名詞」でも、そのおかれる位置は変わらない

get（自動詞） over（前置詞） the difficulty（名詞・目的語）.

get（自動詞） over（前置詞） it（代名詞・目的語）.

SECTION

05

例文のストーリーをイメージすると、単語・熟語が忘れにくくなる

〝destroy〟を見たら「破壊された状況」を思い浮かべる

単語にしろ熟語にしろ、覚える際の重要なポイントは、イメージに結びつけて記憶することです。

先ほど単語のネットワーク化のところで紹介した、円周率の記憶達人の暗記術ではありませんが、何らかのイメージと結びつけて覚えたものは忘れにくい記憶となります。一方、ひとつひとつバラバラに覚えたものは、記憶としてなかなか定着しません。

そこで、単語や熟語を暗記するときは、ただ日本語で意味を覚えるだけでなく、例文とセットで覚えるとよいでしょう。そして、その例文のストーリーを頭のなかでイメージするのです。

たとえば、〝The house was destroyed.〟という例文があったとします。この場合、頭のなかで家が壊れてしまったような状況をイメージし、その後、〝destroy〟という

単語はイメージで覚える

方法 1 例文とセットにしてストーリーで覚える

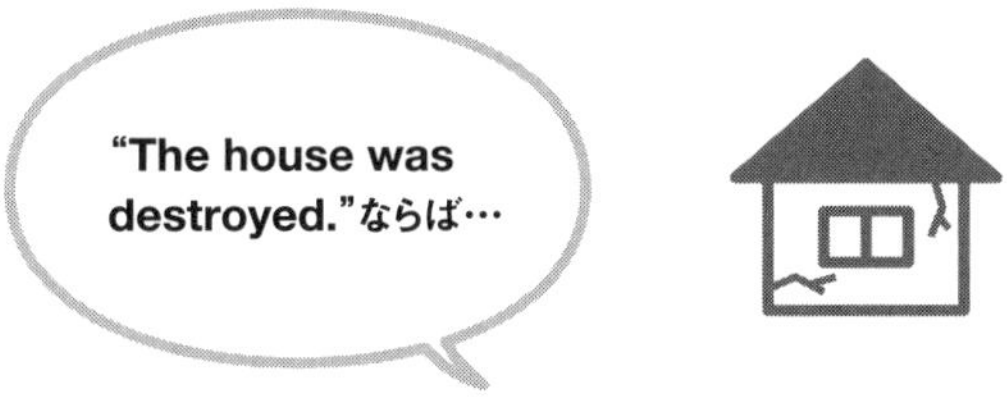
"The house was destroyed."ならば…

方法 2 実際に動作をして覚える

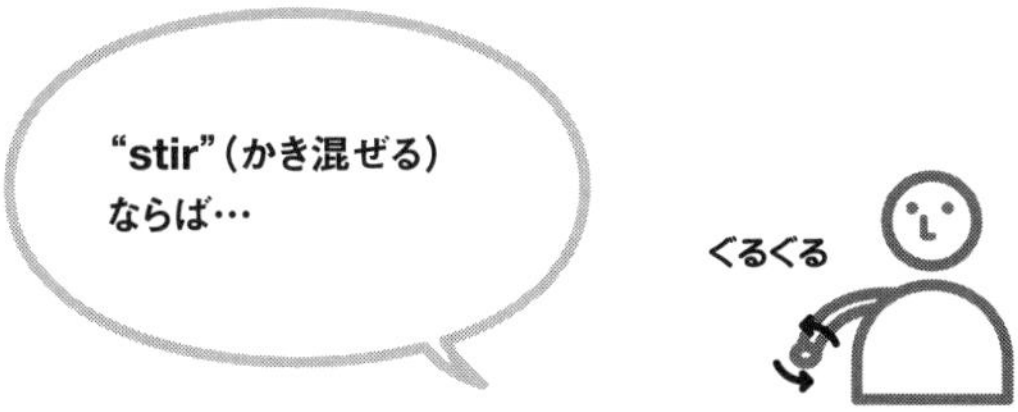
"stir"（かき混ぜる）ならば…
ぐるぐる

単語が出てくるたびに、破壊されたイメージを思い描くようにするのです。

こうしたイメージ記憶を繰り返し行っているうちに、〝destroy〟という言葉に接すると自然に「破壊されている状況」のイメージがパッと頭に浮かぶようになります。

〝stir(かき混ぜる)〟は、手をグルグルかき混ぜながら覚える

イメージが強烈であればあるほど人間の脳には強く記憶されますから、イメージをするときには、インパクトの強い映像をつくるとよいでしょう。

さらに、その単語が意味する動作を実際に行いながら覚えるのも手です。

たとえば、〝stir〟(かき混ぜる)という単語だったら、グルグルと手でかき混ぜる動作をしながら何度も唱えると、強烈な記憶になります。


ACTION!

強烈なイメージや動作と一緒に覚えると単語が記憶に焼きつく

SECTION

06

覚える手段・場所を変えて10回は繰り返す

反復するたびにやり方を変えていくと、効果がアップする

人間は忘れる生き物です。だから、ひとつのことを覚えようとしたら、少なくとも10回は繰り返す必要があります。「覚えられない」と嘆く人は、記憶力が悪いのではありません。反復する回数が少ないのです。

1回1回の密度を濃くすることもたしかに大切です。しかし、10回程度の繰り返しで記憶として定着させることは難しいでしょう。そこで、繰り返すたびにやり方を変えるのです。これは非常に効果的です。

たとえば、使う体の部分を変えてみましょう。「目で見る」「口で言う」「耳で聞く」「手で書く」……など。

覚える場所を変えるのもよい方法です。

机の上でばかりやるのではなく、電車のなか、オフィス、公園のベンチ、お風呂、トイレ、歩きながら……など。

覚えるときにはひとつの方法に縛られないことです。いろいろなやり方を駆使しながら、少なくとも10回はしつこく反復しましょう。これを習慣にしていってください。

ACTION!

手を変え、品を変え、さまざまなアプローチで反復練習を行おう

SECTION

07 「ペースメーカー」をつくって、繰り返しを三日坊主にしない

英語サークルで、単語・熟語のテストをする

語学の習得において、単語や熟語の暗記は避けて通れません。そして、この作業は、しんどいものです。決して楽しいものではありません。そのため、ひとりでやっていると挫折しそうになります。

そんな事態を避けるためにも、「ペースメーカー」をつくりましょう。

たとえば、仲間と英語サークルをつくる方法があります。**週1回くらいのペースで勉強会を開き、単語や熟語のテストをするのです。**

ただし、単にテストするだけでは、仲間同士の気楽さでいい加減になってしまいがちです。

そこで、テストでビリだった人が全員にジュースをおごるなど、ペナルティーを科してみてはいかがですか？　のんびりした雰囲気になることを回避できるはずです。

英会話スクールで、先生にテストをしてもらう

英会話のプライベートレッスンを受けている人なら、先生にテストしてもらうとよいでしょう。「毎週これだけの単語を覚える」と目標を決め、それをきちんと覚えられたかどうかをチェックしてもらうのです。

勉強を継続するには、このように自分を強制し、追い込む環境づくりも欠かせません。あなたにぴったりなペースメーカーを見つけてみてください。

ACTION!

学習継続のために仲間と競い合って学ぶのもお勧め

CHAPTER7

いつでもどこでも勉強ができる「英語教材」の使い方

SECTION

01

映画・ドラマ
――レベルに合ったものを選ばなければ効果なし

映画・ドラマは、海外文化の最高の情報源

アメリカ人と会話をしていて、ときどき「なぜアメリカに住んでいたこともないのに、そんな変な英語を知っているの？」と聞かれることがあります。それはなぜかというと、アメリカの映画やドラマなどをたくさん見ているからです。

洋画や海外ドラマは、向こうの文化を吸収する最高の情報源です。英語の教材としては最高のものだと思います。

ただし、映画やドラマの英語を理解することは、簡単なことではありません。自分のレベルに合ったものを選ばないと、チンプンカンプンで挫折の原因になります。

そこでここでは、〈初級者＝TOEIC500点未満〉〈中級者＝TOEIC500～800点〉〈上級者＝TOEIC800点以上〉に分けて、それぞれに適した作品と、学習の方法を紹介していきます。

◇初級者〈TOEIC500点未満〉
……日本のアニメ映画の英語吹替版でストレスなく勉強する

初級者の場合、本場のアメリカ映画やイギリス映画は教材に適していません。『となりのトトロ』や『天空の城ラピュタ』など、日本のアニメ映画の英語吹替版などがよいでしょう。

これらの作品のひとつくらいは誰もが一度は観たことがあるはずです。ストーリーはもとより、記憶に残っているセリフも少なくないでしょう。**そのため、英語そのものは聞き取れなくても、ストレスなく何度も観ることができます。**その点で初級者にオススメなのです。

DVDは一度観たら、「ハイ、終わり」にしてはいけません。シーンを絞ってもかまいませんから、一定の期間、何度も何度も観ます。この場合もやり方をひとつに縛らないことです。左に挙げるように、どんどんやり方を変えていきましょう。そうすることで繰り返し観ることができます。

・日本語の音声だけで観る

・音声を英語にして、日本語字幕で観る
・英語の音声、英語の字幕で観る
・英語の音声だけで観る

英語字幕を使って英語音声の映画を楽しむことは、簡易ディクテーションともいえるでしょう。英語のセリフを聞いて頭のなかで英文を推測し、英語字幕でチェックするというのは、紙の上でのディクテーションとほぼ同じ作業をしていることになるからです。

なお、映画ではなくテレビのアニメとなると、日本版のＤＶＤには英語での吹き替えが入っていないこともあります。その場合はアメリカ版を購入しましょう。日本のテレビアニメは海外でも人気があるため、有名なアニメならたいていアメリカ版があります。

購入はアメリカの「Amazon」(http://www.amazon.com/) からできます。注文すると1～2週間で届きます。アメリカのサイトを利用するとなると、やりとりは英語です。それもまた英語の勉強になります。

ただし、アメリカ版だとお持ちのＤＶＤプレーヤーでは再生できないこともありますから注意してください。

アメリカではリージョン1のＤＶＤとプレーヤー、日本ではリージョン2のＤＶＤとプレーヤーが使われています。「オール」という表示があるものに関しては、どのプレーヤーでも再生することができます。

一方、アメリカ版では英語字幕が入っていないこともあります。それでは簡易ディクテーションにはならないため、教材としては不適切です。購入前にきちんと確認しておきましょう。

ブルーレイ版だと、日本とアメリカのリージョンコードは同じなので、日本のプレーヤーでアメリカ版を再生することができます。

◇中級者〈ＴＯＥＩＣ５００〜８００点未満〉

……ほのぼの系コメディーや、趣味のハウツーＤＶＤがオススメ

中級者の場合は、ほのぼの系の海外テレビドラマがよいでしょう。ジャンルとしてはコメディーがオススメです。

というのも、シリアス系やホラー系は何回も楽しめるものではありませんが、コメ

ディーだったら何回観ても面白いからです。

また、**ほのぼの系のコメディーに出てくるセリフは、日常会話で使えるものがたくさんあります。**一方、医療とか警察とか特殊な世界を扱っているドラマの場合、専門用語が多く、そこで学んだセリフは日常生活ではあまり使えません。

中級レベルの方に私がオススメしたいのは、以前、ＮＨＫ教育テレビでやっていた『フルハウス』です。ＤＶＤも出ているので、英語字幕を使って簡易ディクテーションをすることができます。

ＤＶＤでの勉強方法は初級者と同じです（２７０ページ参照）。やり方をどんどん変えて、最終的には字幕なしで聞き取れるレベルを目指しましょう。

中級者よりもちょっと上の中・上級レベルの人にオススメなのが、自分の趣味に関するＤＶＤです。

たとえば、プロレスが好きな人ならプロレスの、野球が好きな人なら野球の、ゴルフが好きな人ならゴルフのハウツーＤＶＤをアメリカから取り寄せてみましょう。

私の場合、マジックが趣味なので、マジックのハウツーＤＶＤを取り寄せています。以前はそれを見ながら始終マジックの練習をしていました。英語の勉強にもなるしマジックの練習にもなるし、一石二鳥です。

ただし、こうした趣味のハウツーDVDには、英語字幕がないこともあります。中級レベルであっても、教材として使うなら、やはり英語字幕があったほうがよいと思います。

購入前にその点もメールなどでチェックしておきましょう。こうしたメールでのやりとり自体も英語の勉強になります。

◇上級者〈TOEIC800点以上〉

……本格派ドラマで、1シーズンをすべてガッチリ勉強する

上級者の場合は、ドラマの『フレンズ』や、アニメの『ザ・シンプソンズ』などがオススメです。

『ザ・シンプソンズ』は絵がかわいくて初級者向けだと思いがちですが、シニカルなユーモアをたくさん含む、思い切り大人向けのアニメです。セリフでも難しい単語がたくさん登場します。しかし、じっくりと英語字幕でセリフを学んだ後は、何度観ても笑えます。

『フレンズ』は、全世界で大ヒットしたアメリカのモンスター級のヒットドラマ。これも何度でも本当に笑えます。ただ、多くのジョークは日本語に訳すとその面白みが消えてしまうため、英語で理解したほうがより楽しめるでしょう。

このドラマには200以上のエピソードがあり、全部完ぺきに学ぶのは大変です。まずはザーッと全体を流し観て、お気に入りのエピソードを選び、そこを集中的に学習するとよいでしょう。

前半のシーズンは、よく練られた言葉でのジョークが多いため、理解するのは難しいと思います。一方、後半のシーズンは、視覚的なジョークが多くなり、多少、理解がラクになります。

私は第1シーズンをDVDのリモコンを片手にガッチリと勉強しましたが、相当に手ごたえがありました。

とくにこのようなドラマを観ていて難しいのが、「固有名詞」や「商標名」です。アメリカ人なら誰でも知っている名前でも、日本に住む私たちにはわからないことが多々あります。

そのような語に遭遇したときに私が活用したのが、インターネットです。たとえば、あるエピソードのなかに「ライソル（Lysol）」という洗剤の商標名が出てきました。

この単語を辞書で引いても、もちろん出てきません。しかし、「Yahoo USA」で検索すると、宣伝が写真入りで現れます。私はこのようなページをカラープリンターで印刷して、英語学習アルバムのようにファイリングしています。

映画・ドラマのDVDを使った英語勉強法

初級／中級

STEP1 日本語音声 だけで見る
↓
STEP2 英語音声 & 日本語字幕 で見る
↓
STEP3 英語音声 & 英語字幕 で見る
↓
STEP4 英語音声 だけで見る
↓
STEP5 STEP1〜4を何度も繰り返す

上級

STEP1 英語音声 & 英語字幕 で見る
↓
STEP2 英語音声 だけで見る
↓
STEP3 STEP1〜2を何度も繰り返す
たまに日本語音声をチェックする

SECTION

02

洋楽カラオケ
――効果的なトレーニング法のオンパレード

1曲をじっくり歌い込み、英語の耳を育てる

じつは、英語のリスニング・スピーキングの教材として「最強だ！」と思っているのが、洋楽カラオケです。

ＴＯＥＩＣのスコアが高い人とカラオケに行くと、その多くは英語の歌を歌います。これにはちゃんとした理由があるのです。

洋楽カラオケをマスターするには、次のような過程を経ます。

①ｉＰｏｄなどのポータブルの音楽再生機器に歌いたい曲を入れる。最初は1曲にし、この1曲を徹底的にトレーニングすること。曲を入れたら、歌詞カードを見ながら耳にタコができるほど聴く

②慣れてきたら、歌詞カードを見ながら曲を聴き、まねて歌う

③時間を見つけてカラオケボックスに行き、画面の歌詞を見ながら歌う
④すっかり覚えてしまったら、部屋やお風呂で口ずさむ

この過程には、とても効率的な英語のトレーニング法が組み込まれています。

まず①の「歌詞カードを見ながら何回も聴く」。これは、リスニングの「精聴」に当たります。②の「歌詞カードを見ながらまねて歌う」。これはリピーティング・シャドーイングです。そして、③の「カラオケで歌う」は、画面の歌詞を見て歌うということで音読であり、簡易ディクテーションでもあります。④の「部屋やお風呂で口ずさむ」は暗誦・再生です。

これらは、英語をマスターするうえで欠かせないトレーニングです。


ぜひ、英語の勉強として、洋楽カラオケに挑戦してみてください。1曲を選んで家でしっかり練習し、時間を見つけて、英語仲間と、もしくは勇気を出してひとりでカラオケボックスへ行って洋楽を歌いましょう。このやり方でレパートリーを増やしていけば、英語の耳が育つのを実感できるはずです。

歌詞は絶対に手に入れること

洋楽カラオケを教材にする場合に注意してほしいのが、まず絶対に歌詞カードを手に入れること。英語のDVDを見るときにスクリプトがないと意味がないのと同じで、**歌詞カードなしで洋楽を聞いても、メロディーを楽しむだけで英語力はつきません。**

輸入盤の洋楽のCDは、たいてい歌詞がついていませんので要注意です。ただしインターネットに歌詞が出ている曲も多いので、それをプリントアウトしてファイルに入れておくとよいでしょう。

初級者は、懐メロや童謡からはじめよう

何を歌うかについても注意が必要です。 初級者が、いくら好きだといってもエアロスミスなどのロックに挑戦するのは挫折の原因になります。初級者は、ハードロックやヒップホップは避けたほうがよいでしょう。

『ラブ・ミー・テンダー（Love Me Tender）』や『マイウェイ（My Way）』などのベタベタのおやじソングからはじめてください。女性歌手なら、『虹のかなたに（Over the Rainbow）』や『テネシーワルツ（Tennesee Waltz）』などの懐メロがオ

洋楽カラオケでの英語トレーニング法

STEP1	歌詞カードを見ながら死ぬほど**聞く**	→ 精聴
STEP2	歌詞カードを見ながら音声を聞き、**まねて歌う**	→ シャドーイング
STEP3	カラオケに行って**画面を見ながら歌う**	→ 音読 / 簡易ディクテーション
STEP4	部屋やお風呂で**口ずさむ**	→ 暗誦

ススメです。そのほか、アメリカやイギリスの童謡などもよいでしょう。

中級者レベルになったら、カーペンターズやビートルズに挑戦してみましょう。上級者レベルにまで達したら、ビリー・ジョエルやエルトン・ジョンです。さらに超上級者はハードロックやヒップホップに挑戦してみてもよいでしょう。

これは歌が上手になるための練習ではありません。英語力をつけるための練習です。お気に入りの曲でも、まねできないようならすぐにレベルを下げてください。そして、最初は自分にとって歌いやすいものを選ぶようにしてください。英語のトレーニングなのですから、難しい曲が歌えなくても別に恥じることはありません。

SECTION

03

ITツール

―便利なITツールを英語学習に活用

ITツールを利用して、いつでもどこでも学習しよう

じつを言うと、ここ数年で私の語学学習スタイルは大きく変化しました。ひと言でいえばIT化、電子化が進んだのです。

たとえばかつては出かけるときにいつも携帯していた電子辞書も、今は使っていません。辞書はノートパソコンやスマートフォンにすべて入れています。

パソコンやインターネットには以前は不便な点も多かったと思います。パソコンは起動が遅く、勉強したいときにすぐ使えるというわけにいきませんでした。ノートパソコンも重かったですし、バッテリーのもちもよくありませんでした。wifiが利用できるところもかぎられていて外出時にインターネットに接続するのは不安定でした。つまり、ITツールは「いつでも、どこでも、すぐに」できる学習ツールではなかったのです。

ところが今ではパソコンの起動はすばやくなり、ノートパソコンは軽量化し、バッテリーは1日使っていてもほぼ大丈夫です。wifiが飛んでいる場所も増えました。そのうえパソコンに近い機能を持った携帯電話「スマートフォン」が登場し、画面が大きなタブレットまで登場し、ITツールはぐんと使いやすく身近な存在になりました。

以前は紙でやっていた学習が、いつでも、どこでも、すぐに、ITツールを使ってできるようになったのです。**さらにITツールならではの便利さが加わりました。**

「リンゴ三兄弟」を使って学習&仕事

現在私が仕事や英語と韓国語の学習に使っているITツールのラインナップは、ノートパソコン「MacBook Air」とタブレット「iPad mini」、そしてスマートフォンの「iPhone」です。

これらを「リンゴ三兄弟」と呼んで愛用しています。

アップル社の宣伝をしているようですが、ストレスなく、すばやくさまざまな作業ができ、率直に言って非常に使いやすいのです。

パソコン、タブレット、スマートフォン間の連携もよく、一緒に使うと便利さが倍増するため、気がつけばこの3台を状況に応じて使い分けるようになっていました。

おかげでいつでもどこでも仕事や勉強ができています。

私は、ちょっとデジタルガジェットおたくなところがあります。3つの機器をそろえなくても、パソコンやスマートフォンだけ、あるいはタブレットだけでも、それぞれ英語学習に便利な使い方はできます。

以下に私のリンゴ三兄弟利用法を紹介しますのでぜひ、参考にしてみてください。Windowsマシン、Androidのスマートフォンやタブレットでも同じような使い方はできると思いますので、Windowsユーザーの方にも参考になるはずです。

設定はすべて英語にしてしまおう

まず私の使っているリンゴ三兄弟は言語環境の設定を英語にしています。ノートパソコンもiPhoneもiPadもすべて英語設定です。

使用機種に関係なく、英語を学んでいる方はみなさん、パソコンやスマホ、タブレットの設定を英語にしてしまうことをお勧めします。

こうするとITに触れるときはいつも英語に触れることになります。

もしも英語メニューの意味がよくわからなかったら日本語に切り替えれば、「ああ、こういうことは英語ではこう表現するんだ」と勉強になります。save や copy&paste

のように、もはや日本語となっている表現もあります。「元に戻す」はundo。インターネットのお気に入りはfavorites。ふつうのメニューにもいろいろな単語が出てきます。

海外でパソコンを使う際にも役立ちますから、英語のコンピュータ用語やＩＴ用語を知っておくといいでしょう。

ぜひ英語ベースで使用することをお勧めします。

辞書はノートパソコン、スマートフォン、タブレットに搭載

リンゴ三兄弟にはどれも英語関連の辞書が入っています。このため電子辞書は持ち歩かなくなりました。

iPadとiPhoneに入っているのは「ロングマン現代英英辞典」と「ウィズダム英和・和英辞典」。ちなみにiPhoneとiPad間ではApp Storeで買ったアプリの共用ができるため、両方にインストールができます。

iPhoneに入っている辞書は、電車での移動中などにちょこちょこと引くのに使います。外出中は片手に収まるiPhoneを辞書として使うのが非常に便利ですね。

iPadは画面が大きいので、一覧性が非常に高く、かつカラーなので紙の辞書並に

多くの情報を表示できる点が重宝します。外出中でもじっくりと調べたり、学んだりするのであればiPadがお勧めです。

一方、ノートパソコンのMacBook Airには、趣向を変えて「ジーニアス英和辞典」と「オックスフォード現代英英辞典」をインストールしています。

ノートパソコンはポケットからすっと取り出して使う……というわけにはいきませんが、キーボードを使ってすばやく検索できる、大きな画面に表示できて一覧性が高いという利点があります。

なお、iPadとiPhone向けに「ロイヤル英文法」のアプリも発売されています。もし英文法について、必要に応じてちょこちょこ調べたい人は、こちらを購入して使うのもお勧めです。

音声コマンド機能「siri」に英語で質問しよう

iPadとiPhoneには「siri（シリ）」という音声コマンド機能がついています。あまり皆さん使われていないようですが、画面の明るさの調整や行きたい場所へのナビもsiriに言えばやってくれますし、TwitterやFacebookなどSNSへの投稿もsiriに話すとテキスト化してくれます。

通常は日本語機能になっていますが、これをぜひ英語設定にしましょう。**英語でsiriにいろいろ話しかければ、英会話の練習になります。**しかも発音が正しくないとsiriに理解してもらえません。なかなか厳しいトレーニングになるかもしれませんね。

たとえば、旅先でホテルに疲れて帰ってきてから、モーニングコールの依頼や設定をするのは面倒ですね。私は今ではいつもsiriに起こしてもらっています。〝Wake me up at 8 tommorrow morning〟とsiriに言えば、朝8時に起こしてくれます。また、ちょっと仮眠したいというときには〝Wake me up in thirty minutes.〟と言えば30分後にアラームが鳴ります。

天気もsiriが教えてくれます。朝、目が覚めたらsiriに〝What is the weather like today?〟と聞けば今日の天気がわかり、傘が必要か厚着をしたほうがいいかが判断できるのです。

〝What will the weather be like tomorrow?〟なら明日の天気予報を教えてくれます。このようにsiriは実践的なスピーキングの練習になるのです。そして通じれば、かなり便利です。

あまりsiriの機能が知られていないようですが、どんどん使ってみましょう。英語バージョンにすることをお忘れなく！

単語学習など豊富な語学学習ソフト、アプリを利用しよう

リンゴ三兄弟で私が語学学習に利用しているソフトやアプリも紹介しましょう。語彙学習で使っているのが、6章でも紹介した「iFlash for Mac」というソフトです。iPhone用にiFlash Touchという無料のアプリもあり、MacBook AirとiPhoneとで連動させながら利用しています。

なお、スマートフォンの出現と共に実感しているのは「アプリ」の手軽さです。iPhoneやiPadユーザーは、iTunesやApp Storeでオンラインで有料無料さまざまなアプリを瞬時に手に入れられるようになりました。そしてiTunesやApp Storeuには内外のさまざまな英語素材や英語学習教材が発売されています。検索も簡単ですし、無料のものも多いので、自分の学習目的に合った教材や素材を探し出して利用してください。

私が外出するときの持ち物

スケジュールや
連絡先なども管理

必ず持ち歩くもの

りんご3兄弟

ノートパソコン「Mac Book Air」
タブレット端末「iPad mini」
スマートフォン「iPhone」

重い紙の辞書を
持ち歩かなくて
すむ！

**りんご3兄弟で利用している
コンテンツ類**

電子書籍、学習アプリ、音楽、
ポッドキャスト、ゲーム……etc.

**りんご3兄弟に
インストールしている辞書類**

『ウィズダム英和辞典』
『ウィズダム和英辞典』
『ロングマン英英辞典』
『ディオディック 韓日・日韓辞典』
『ブリタニカ百科事典』
『新明解国語辞典』
『ロイヤル英文法』

必要に応じて持ち歩くもの

・りんご3兄弟のアダプター類
・Amazon Kindle（電子ブックリーダー端末）
　※長時間の読書をする予定のあるとき
・紙の書籍
・仕事で使う紙の資料
・出版社から届いた原稿
・原稿・資料にチェックを入れるためのペン類

SECTION

04

インターネット

――スマホやタブレット向けのサービスも増え、利用の幅が広がる

今やインターネットは、英語学習の必需品

スマートフォンやタブレットの登場により、インターネット上でのサービスはより多様化してきました。語学学習に役立つサービスも数多く、オンラインで利用する教材も増えています。この項では私が実践しているインターネット活用術を紹介します。

◇トップページを「Yahoo USA」にする

……英語で検索しなければならない状況をつくる

英語に触れる機会を増やしたい場合は、ブラウザを開いたときのトップページを「Yahoo USA」にしておく方法があります。

多くの人は、トップページを「Google」などに設定していると思います。それを日

本語ではなく英語にしてしまうのです。

トップページを「Yahoo USA」にしておけば、「Yahoo Japan」に行くのが面倒になります。「英語で検索できることは英語で検索しよう」という気持ちになるかもしれません。そうやって、英語を読んだり入力したりする機会を増やしていくのです。

私が大好きなのは、「Yahoo USA」で映画の予告編を見ること（「Yahoo USA」のトップページの左側にあるリストで「Movies」をクリックすると見られます）です。映画好きな私としては、映画の情報をいち早く入手できるうえに英語の勉強にもなり、一石二鳥です。また、多くの人が書き込んでいる映画レビューを読むことができて楽しめます。

さらにもっとマニアックに英語に触れていたいという人には、インターネットのブラウザやOS自体を英語版にしてしまうという手もあります。

◇英作文の際の「コーパス」代わりに使う
……英語ならではの表現をすばやく調べられる

インターネットの裏技のひとつとして、私は、英語で文章を書く際の「コーパス」

代わりにインターネットを使っています。つまり、英語ならではの表現を調べるための「巨大な辞書」として使っているのです。

言葉には相性があります。たとえば、日本語で「猫の手も借りたい」とは言いますが、「犬の手を借りたい」とは言いません。

日本語を日常で話している私たちにとってそれは当たり前のことですが、外国人にしてみれば、「猫でなく、犬でもいいじゃないか」となります。しかし、言葉には相性がありますから、この表現に合うのはやはり犬ではなく猫なのです。

こうした相性は英語にも存在します。ところが、ノンネイティブである私たちには英語の相性はなかなか理解できません。

そこで、**アメリカの「Yahoo USA」や「Google」を活用して、「英語でこういう言い方をするのかな？」とチェックするのです。**

たとえば、「ボートに乗ること」と英語で言いたいとします。思いついた言い方が〝boat ride〟。そこで、「Google」で〝boat ride〟を検索します。その結果、たくさんのサイトがヒットしたなら、それは英語では一般的な言い方となります。もし、あまりヒットしなければ、英語らしくない表現だということがわかります。

◇ポッドキャストで配信される英語コンテンツを利用する

音声データやビデオデータをネット上で配信するシステム「ポッドキャスト」による英語放送も便利です。パソコンでも視聴できますが、私はiPhoneやiPadにダウンロードして、いつでもどこでも聞けるようにしています。外出先でひとりで食事をしたり、お茶を飲んだりしているときや、移動中などにポッドキャストを視聴するのはちょうどいい息抜きにもなって楽しいですね。

私がよく見たり聞いたりするのが、アメリカのNBCのニュースが半日遅れで無料配信される「MSNBC」です。あまり堅苦しくなくワイドショー的なニュースも多いので、気軽に楽しめます。

また、NHKの海外向けサービス「NHKワールド」では、テレビ、ラジオなどできちっとした英語のニュースを配信しています。こちらは日本語ニュースがもとになっていますので、日本語ニュースを先に聞いて内容を理解してから、英語ニュースにチャレンジすることもできます。

ほかにも、VOAやABCなどさまざまなニュースチャンネルがポッドキャストで番組を配信しています。ホームページ上で視聴できるところがほとんどですので、いろいろ試してみましょう。

◇スマートフォン、タブレット向けの英語コンテンツを利用

ポッドキャスト以外でも多種多様な英語コンテンツが配信されています。**ニュースへの関心が強い方でしたら、アメリカの全国紙である『USA TODAY』のiPhone版やiPad版のアプリがおすすめです。**『USA TODAY』の記事が読めるだけでなく、動画も豊富なのでまるでテレビ番組のようにも楽しめます。じっくり英文記事を読みたければiPadがオススメです。なお、同様の内容のAndroid版やkindle fire版のアプリもあるようです（http://www.usatoday.com/mobile-apps）。

英語のプレゼンに興味がある人は学術、テクノロジー分野を中心に注目すべき人物の講演をネットで配信している「TED」（http://www.ted.com/）がよいでしょう。ホームページからこれまでに行われたさまざまなプレゼンテーションを視聴することができます。字幕を選べるので、英語字幕を読みながら講演を聴いたり、あるいはボランティアによる日本語訳の字幕で内容を確認しながら視聴することができます。

英語表現だけでなく、どのような口調、どのようなアクションや表情でプレゼン

テーションをするのかも、ぜひ参考にしてください。

なお「ＴＥＤ」にはタブレットやスマートフォン向けのアプリもあります。こちらも字幕の言語を選べるようになっています。

◇英語で書かれた趣味のサイトを渡り歩く
……趣味のネタだから、楽しく英語に触れられる

英語で書かれた自分の趣味のサイトを渡り歩いてみてはどうでしょう。家具が好きな人はアメリカやイギリスの家具のサイトを見て、場合によってはそれを個人輸入してみてもよいでしょう。

私の場合、２６９ページでも述べたように、洋画や海外ドラマを観ていて、面白いグッズとか、訳のわからない固有名詞が出てくると、それを検索します。関係のある海外のサイトが見つかったら、写真を保存したり、ファイリングしたりしています。

◇個人輸入をする
……ビジネス英語が実地で学べる

インターネットを介して、海外の通信販売を利用する方法もあります。

私自身、アメリカのアマゾンで洋書やDVDを購入したり、趣味のマジックの道具や本、DVDなどをラスベガスのマジックショップからネットを介して取り寄せたりしています。

やりとりはすべて英語です。相手から「在庫がありません」といったメールがくれば、英語で返事を書かなければなりません。

クレジットカードの番号を入力するなどお金が絡んでくるため、気合も入ります。

落とし穴があるかもしれないので、送られてきたメールは隅から隅まで読みます。意外なトラブルに遭遇することもあり、トラブルをひとつひとつ解決していくことは非常にしんどいことです。でも、結果的には英語力が相当に鍛えられます。

個人輸入は、本で学ぶよりもはるかに身につく、実地で学べるビジネス英語です。

次ページに、個人輸入に役立つ単語を挙げておきます。参考にしてください。

ただし、不慣れな英語でのモノの売買ですから、リスクも少なからずあります。まずは、損をしても気にならない程度の安い商品からチャレンジするのがお勧めです。

知っていると便利な「個人輸入」の単語

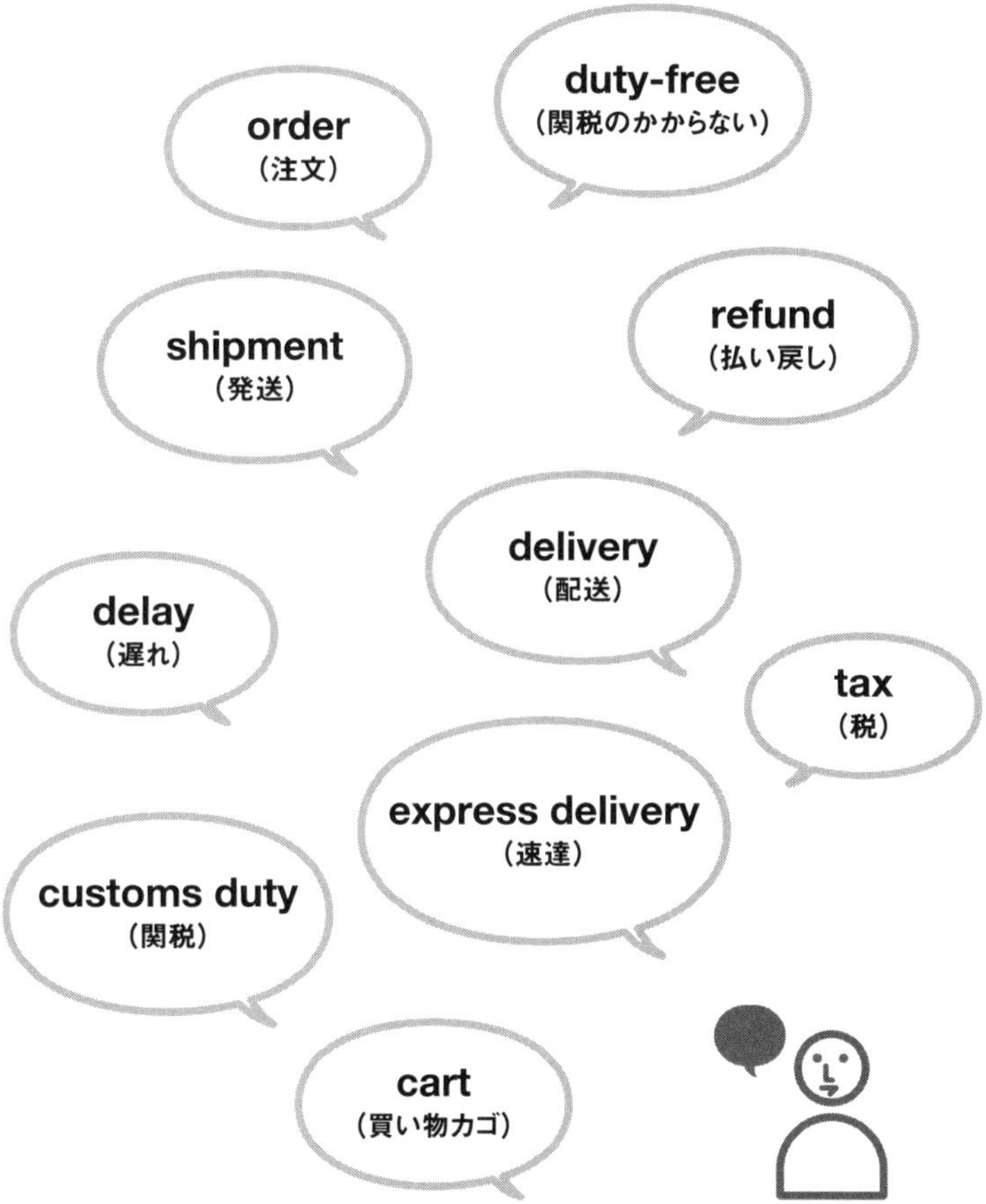

SECTION

05

パソコンソフト

――ディクテーション教材が充実している

アイコンをクリックしてディクテーション

「えいご漬け」（104ページ参照）を筆頭に、パソコンのキーボードを使ってディクテーションをする便利なソフトがたくさん発売されています。「えいご漬け」はニンテンドーDS版もあります。

これらは、紙と鉛筆とCDプレーヤーを準備しなくても、パソコン画面のアイコンをクリックするだけで、すぐにディクテーション学習ができる優れものです。ノートパソコンやDSさえあればどんな場所でも本格的なディクテーション学習ができます。初・中級者向けのものが中心なので、レベルが合えば学習の一部に取り入れてみてはどうでしょう。

「超字幕」のシリーズもオススメです。タイトルにもよるのですが、「超連続リスニング」という機能があり、クイズ感覚で映画のすべてのセリフの穴埋めディクテーションに挑戦することができます。ただ単に映画を流して観るよりは、セリフを絶えず意識する癖がつきます。また、「超字幕」シリーズのなかで、中・上級者のみなさんにとくに使ってほしいのが、「ディスカバリー・チャンネル」のシリーズです。ドキュメンタリー番組という性質上、英語が数十分の番組のなかにぎっしりと詰まっています。

TOEICテストに挑戦するみなさんには、「新TOEICテスト リスニング問題を鬼のように特訓するソフト！」（がくげい）をオススメします。CDを入れて問題集を開くという面倒な準備をしなくても、パソコンにインストールしておけば、いつでもどこでも山のようにリスニング問題を練習できます。

「ロゼッタストーン」は、初心者にはとくにオススメの教材です。きれいな写真がたくさん使われていて、飽きない工夫が随所に施されています。

「ロゼッタストーン」のオンライン講座で声の認識がうまくいかず、イライラしてしまう人は、認識の難易度を一番下にして、どんどん進めてもよいでしょう。途中で投げ出さず、継続することが大事です。また、基礎英文法の勉強と並行すると、より効果がアップします。

SECTION

06

NHKの語学講座

――ひとつの講座をテキストを暗記するまで勉強する

初心者はひとつの講座に絞って見る・聞く

「英語の勉強でもはじめるか」と思った人にとって、手っ取り早いのがＮＨＫの語学講座です。

ただし、ＮＨＫの語学講座は、英語だけでもたくさんあります。初級者はそれらを全部やろうとしてもムリです。テレビ講座は軽いものが多いのですが、ラジオ講座のほうはかなりやりごたえがあります。

この本で繰り返し述べているように、語学の勉強の初期段階では、ひとつのものを集中的にやる姿勢が大事です。

だから、初級者の場合、ＮＨＫの語学講座に挑戦するのなら、**一定期間、ひとつの講座に絞ったほうがよいでしょう。**ビジネス英語を学びたかったらビジネス英語、文法をやり直したかったら文法の講座を選択するのです。

ひとつの講座といっても、とくにラジオ講座は、テキストの内容が盛りだくさんです。全部やろうと思えば1カ月あっても足りないのではないでしょうか。テキストを徹底的に勉強すれば相当な力がつくはずです。

中・上級者の場合は「英会話ジュークボックス」に

中・上級者の場合は、もっと量がこなせると思います。**テレビやラジオを録りだめて英会話ジュークボックスのように流しておくのもよいでしょう。**テレビの英会話番組などはバラエティー番組のような面白いものも多いので、娯楽として見るのがオススメです。

そこで面白い表現や単語などがあればノートなどにメモしておき、いろいろな場面で実際に使ってみるとよいでしょう。

SECTION

07

英会話スクール

―「もとを取ってやる」の発想で主体的に活用する

「教材はこちらでそろえる」くらいの気持ちでのぞむ

英会話スクールは生の英語に触れられるよい機会です。通えるのなら通ったほうがよいと思います。でも、ただ通うだけでは決して英語力はつきません。先生主導の受け身でレッスンを受けていても伸びません。とことん「主体的」に通うことが、重要です。

私は20代前半のころ、通訳案内士の面接試験対策のために英会話スクールのプライベートレッスンに通っていました。**その際、自分にとって一番役に立つ内容の勉強ができるように、先生を誘導していくことを心がけました。**

まず、レッスン前に日本のさまざまな観光名所を紹介する英文をつくり、それを暗記します。そして、それに関する質問を10個程度つくり、どう答えるかを自宅の鏡の前で練習しておきます。レッスンでは、先生にその質問表を渡して質問してもらい、私が英語で答えるのです。

「お客さま」なのだから、主導権はこちらが握ろう

生徒の立場だからと遠慮する必要はありません。こちらはお金を払ってレッスンに通っているのですから、いってみれば、英会話スクールの「お客さま」。自分が学びたいことを講師に提案したって、一向にかまいません。

それに、外国人の先生にしてみれば、生徒からのこうした提案は大歓迎だと思います。簡単なパターンの繰り返しばかりでは先生だって退屈です。

実際、私のとった方法を先生はとても楽しんでくれていました。その質問をきっかけに、互いのディスカッションもどんどん深まっていったものです。

英会話学校のなかには、ラウンジみたいなところで外国人の先生と自由に話せるところもあります。状況が許せば、そういうところに朝から晩まで入り浸るというのもよいかもしれません。せっかく高いお金を払ったのです。「もとを取ってやる」くらいの発想を持って英会話スクールには通いましょう。

SECTION

08

オンライン英会話

――初心者でも、気軽に英語で話す習慣をつくれる

毎日のようにレッスンを受けてたくさん話そう

ＩＴの進歩は英会話学習も進化させてきています。なかでも最近、注目されているのがインターネットを利用したオンライン英会話サービス。多くの場合はスカイプを使って海外にいる英会話の先生とパソコンの画面上に映し出されるお互いの顔を見ながら、マイクを通して英語で会話をするという方式が採られています。

音声の状態もかなり安定してきて、自然な感じで会話ができます。レッスンの時間帯も夜遅い時間をカバーしていたり、あるいはほぼ24時間受講可能なサービスもあったりしますので、いつでもどこでも気軽に英会話レッスンが受けられる状況です。そして何といっても魅力なのは**リアルな英会話レッスンに比べて授業料が格段に安いこと**でしょう。

たとえばフィリピンの大学生が講師を務める「レアジョブ英会話」（http://www.

rarejob.com/）は月6000円程度で毎日25分のレッスンが受けられます。

講師が英語のネイティブではないことなどを問題にする人もいますが、私が実際にレッスンを受けてみた先生たちの発音やイントネーションレベルは高く、TOEICのスピーキングテストを受ければかなり高い評価になるだろうという印象でした。会話力もしっかりしています。語彙や表現はネイティブに比べるとある程度かぎられていますが、通常のコミュニケーションではまったく問題がありません。

むしろ、英会話初心者にとってはネイティブよりもずっと気軽にレッスンを受けられるのではないでしょうか。ネイティブの先生はどうしても速いスピードで難しい表現を使ってしまいがちです。しかしフィリピン人の先生たちは、単語のレベルもやさしく、聞きやすい。何となく身近な感じでリラックスして英語が話せます。そしてリラックスして話すことによって、積極的にどんどん話そうという気持ちにもなります。

スピーキングはとにかくたくさん英語を話すことが上達の第一歩。オンライン英会話なら毎日のようにレッスンが受けられます。しかも仕事を終えて、夜、家に帰ってからくつろぎながら英語が話せます。英語を話す経験が不足している人はこうしたサービスを上手に利用して、英語でのコミュニケーションの経験を増やしていきましょう。

SECTION

09

外国人を招待してのホームパーティー

――英語版ボードゲームで英会話も弾む！

交流の場探しには、役所の掲示板をチェック

外国人と話す機会は、英会話スクールだけではありません。外国人を招待して英会話パーティーを企画してみましょう。

日本在住の外国人のなかには日本人と交流したいと思っている人もたくさんいます。こうしたお誘いがあれば喜んで来てくれるでしょう。パーティーのなかで人生ゲームやモノポリーなどのボードゲームの英語版をやったりすると、かなり盛り上がります。

外国人と知り合う機会がないという人は、役所の掲示板などをチェックしてみましょう。どんな町にでも公的に国際交流を推進している部署があります。それらを利用すればいろいろな交流の機会が見つかります。

近所の「外国人のたまり場」で親しくなる

ちょっとした町であれば、だいたい「外国人のたまり場」となる居酒屋やレストランがあるものです。たとえば、今は日本中の中学や高校に、ＡＬＴ（Assistant Language Teacher）が配属されています。彼らの多くはまとまって寮生活をしていて、近くのレストランや喫茶店をたまり場にしています。

私が前に住んでいた家の近くにも、ＡＬＴのたまり場となっているお好み焼き屋さんがあり、そこで仲良くなったＡＬＴから彼らの寮でのパーティーに誘ってもらったりしました。

外国人のたまり場に行ったものの、きっかけがつくれないという人は、小銭をたくさん持っていって、外国人がたくさんいる席のところでわざと落としてみましょう。拾うのを助けてもらいながらいろいろと話しかければ、きっかけをつくることができます。

イギリス人やアメリカ人の英会話の先生のなかには練習台にされるのをいやがる人もいますが、そういう人に当たったらパスすればいいだけの話です。

私の英語ストーリー

私が
英語を
話せるように
なるまで

小学6年生のときにアルファベットに初めて出会う

英語ができるようになるまでには各人各様のストーリーがあります。私も多くの先人たちの英語ストーリーを知り、それを参考に自分の勉強を進めてきました。この本の最後に、私の英語ストーリーをみなさんに知っていただきたいと思います。

学校の主な教科には、国語・数学・理科・社会・英語の5教科がありますが、私は子どものころから中学・高校にかけて、国語・数学・理科・社会にはあまり興味が持てないでいました。ところが、なぜか英語だけは嫌いではありませんでした。とはいえ、今の子どもたちのように、5歳から英会話学校に通っているとか、早い時期からバリバリと英語を学んでいたわけではありません。地域性もあったのでしょうが、小学生のころは、学校が終わったら野球をしたり自転車で走りまわったりと、遊び放題でした。

唯一、小学生時代にやった英語の勉強は、小学6年生のときに友達と週に1時間だけ通った「いとう英語塾」のローマ字教室でした。習字、テニス、生け花など、近くでやっていた習い事にからかい半分で手を出してはやめていた私ですが、この教室には、ＣＭを見て町の子どもたちがあこがれていた玩具、「黒ひげ危機一発」がおいてあったこともあり、休まずに通っていました。

半年かけて、大文字と小文字の読み書きとアルファベットを習得

この塾は、「英語塾」といっても英会話や英文法を教えてくれるわけではありません。塾長の伊東先生は、「小学生から英語を勉強するのは早すぎる。来るのがイヤになったらいくら休んでもいい。たくさん遊んで、また気が向いたときに戻ってきなさい」という、とても私好みの考え方をする人でした。

この塾で、小学生の私はのんびり、ゆっくり、ひたすらにアルファベットの大文字と小文字の読み書きとローマ字を習っていたのです。

私の子ども時代、小学校での英語教育は皆無だったので、ここに通うまでローマ字など読めませんでした。通いはじめて半年くらいは、伊東先生が黒板に書いた「Taro」を、生徒の私たちはローマ字の表を見ながら、「Ｔとａとｒとｏだから、『タロ』です」と答えるといった授業でした。最後のほうでは、〝mystery〟の〝y〟は「イ」と読むから、「ムイステリ」、つなげて読むと「ミステリー」だね、という本当の英単語を読むフォニックスの練習もしました。

今どきの子どもの多くは、幼稚園に通うころからネイティブスピーカーに英会話を学んでいます。しかし、私が小学生のころの英語教育はこの程度のものでした。

アルファベットを読めたことが英語への自信につながる

中学生になると、ようやく本格的な英語の勉強のスタートです。

といっても、私が通っていたのは九州の片田舎の公立中学です。たいしたレベルではありません。アルファベットの読み書きからはじまって、〝This is a pen.〟や〝Do you like coffee?〟といった簡単な肯定文、否定文、疑問文のつくり方、不定詞の三用法、関係代名詞の穴埋めなど、とても基本的なことを3年間かけて教えてもらっていました。

もちろん、ネイティブスピーカーの英語講師に習った経験などはありません。というより、町のなかで外国人を見たこともなかったくらいです。その当時の私にとって、外国人は「テレビや映画で見る人」でしかなかったのです。

たぶん、実物の白人を初めて至近距離で見たのは修学旅行で京都に行ったときでしょう。うれしくて、白人を見るたびに「コンニーチーハー」と大声で話しかけて、日本の印象を相当悪くしたと思います。

そんな私ですが、中学時代、英語についてはほかのクラスメートより頭ひとつ分、上にいました。「3」だらけの通知表のなかで、英語だけは「4」という数字が光り輝いていました。

当時、私の住んでいた地域では、ほとんどの子どもがアルファベットを中学1年生の1学期まで習いませんでした。ところが、私は「いとう英語塾」ですでにアルファベットとローマ字を習っていたので、ほかの子よりも早くアルファベットやローマ字が書けるようになっていました。そうして、つねに先取りして英語を学ぶことができたわけです。

これは、私にとってかなりの優越感でした。たとえば、〝friends〟という単語がでてくると、ローマ字読みで「フリエンズ」と何となくそれらしく読めたのです。

今思えばかなりちっぽけな優越感ですが、当時の私にとっては大きな自信になりました。そのため、ほかの勉強にはまったく興味がなかったにも関わらず、英語だけは好きでした。

『スター・ウォーズ』のLPレコードでセリフを物まね

そのころから、学校の勉強以外にもアメリカ的なものにあこがれるようになっていきました。たとえば、テレビで放映される2カ国語放送の映画は、ときどき英語に切り替えて観ていました。

もちろん、何を言っているかはほとんど理解できません。さっぱりわからないBGMみたいな感じです。でも、英語で映画を観ている自分をなんとなくカッコよく感じ、飽きもせずにつづけていました。

とくに熱烈にはまっていたのが『スター・ウォーズ』。その当時、『スター・ウォーズ』のセリフが入っている「ストーリー盤」というLPレコードが売られていました。私はさっそく日本語版と英語版を手に入れ、それをテープにダビングし、ラジカセを2台並べて、「せーの」で一緒にかけて聞いていました。

また、冒頭のセリフである〝A long time ago, in a galaxy far, far away.〟を意味もわからずにブツブツとつぶやいてみたり、「ハープー、ハープー」という誰にでもできるダースベーダーの物まねをしたり、デタラメ英語で登場人物のセリフを言ってみたり、ということもしていました。

ただ、こうした英語遊びは単に雰囲気を楽しんでいるというだけで、残念ながらリスニング力向上にはつながりませんでしたが……。

聴く音楽に関しても、まわりの友達は「たのきんトリオ」などを聴いていましたが、私は日曜日にFM放送でやっていた映画音楽をテープに録ったり、映画『ウエスト・サイド・ストーリー』のサントラ版を買ったりして聴いていました。

恩師の姿を見て「同じものを反復し、刷り込む」を学ぶ

そんなこんなで、ほかの教科はともかく、高校入試での英語の成績は40点満点中38点くらいは取れていたと思います。満点が取れなかったのは、当時の私が発音記号をまともに読めなかったから。テストでも必ず発音問題で間違えていました。

高校は、家から一番近かった福岡県立宗像高等学校に入学しました。偏差値はその当時で58くらい。福岡県では中の上くらいのレベルの学校です（今はスゴい進学校です）。

高校時代の成績はだいたい中から下くらいでしたが、2年生のときには44人中42番という成績を取ってしまったこともあります。ただ、そんな状況にあっても英語だけは中の上から上の下くらいの成績をキープしていました。44人中42番になったときでも、英語だけは10番くらいに入っていたと思います。

高校時代、私の学校にカート君という短期留学生がやってきました。彼は日本にいる約2週間、私がキャプテンをつとめていた山岳部に入部。アメリカ大好きの私は、最高の「おもちゃ」をゲットしたわけです。

その間、私はストーカーのようにカート君につきまとっていました。部活で山へキャンプに行っても、逃げるカート君を追いかけて通じもしないデタラメな英語で話しかけ、ひとりで爆笑したりしていました。アメリカに帰る日、カート君がとてもうれしそうだったのは、私から解放されるからだったにちがいありません。

このカート君と行ったキャンプで私の目に焼きついた光景は、高校時代の恩師であり、山岳部の顧問でもあった吉松先生が、古い英字新聞を山に持ってきてテントのなかで読んでいた姿です。「精読学習では同じものを反復して読んで、刷り込む」という私の英語勉強法は、この姿を見たことにも影響されています。

吉松先生はとても無口な先生だったので、英語を話せるのかどうかは謎でしたが、「犬が岳」という山の頂上にたどり着いたときは、先生がカート君に「イヌ（犬）・ミーンズ・ドーグ」とひと言だけ、貫禄たっぷりに語っていました。それには部員一同、「おー、やっぱ、先生はすごいばい」と、ますます先生への尊敬を深めました。吉松先生の英会話を聞いたのは、それが最初で最後でしたが……。

浪人中の「音読・直読」との出合いが、最初の大転換に

そういったわけで、英語への興味だけは誰にも負けませんでしたが、高校時代の私の英語力は、全国的に見れば早慶上智といった難関大学を目指すにはほど遠いレベルだったといえます。

そんな私に最初の大転換期が訪れたのは、浪人時代です。

私が通っていた予備校では、その当時にしては大変めずらしく、英語の先生方はみな、声に出して読む「音読」や「センスグループごとのサイトトランスレーション」、英語を読んだままに理解する「直読」という、実用的な英語学習法を中心にした授業をされていました。この学習法で、英語大好き少年だった私のスイッチがオンになったわけです。

音読・直読という英語学習法との出合いは、それまで訳読中心の学習法しか知らなかった私には、青天のへきれきでした。

音読・直読の学習法をスタートしたことで、私自身の英語力に大きな変化が起きました。「リーディング」と「ライティング」の力が飛躍的に伸びたのです。英語の成績がぐんぐんと上がっていき、1年後には、現役時代には絶対に無理だった、英語で

有名な東京の上智大学の外国語学部英語学科に入学できました。

大学入学後にぶち当たったリスニングとスピーキングの壁

このように、予備校時代、音読・直読の英語勉強法に出合ったことで、リーディングとライティングの壁はある程度破ることができました。ところが大学入学後、新しい壁にぶち当ったのです。

それは、リスニングとスピーキングの壁。外国語学部ということもあり、大学の授業はほとんど英語で行われていました。けれど、私はまったく聞き取れないし、まったく話せなかったのです。

これは私にとってかなりショックな出来事でした。

浪人時代の私の成績は、「受験生」としてはかなり上のレベルだったと思います。自分でもそう思っていました。にも関わらず、授業で話されている英語がまったく聞き取れないのです。また、ちょっとした英語でのコミュニケーションでさえもシドロモドロでした。

最初に痛い目に遭ったのは、上智大学の二次試験のリスニングテストです。これはＴＯＥＦＬを模したマークシート方式の試験で、問題文のみならず先生の指示も英語。

どこからが指示でどこから問題なのかがまったくわからない状態でした。当然のことながら、デキは最悪。それなのに、まわりの人は「まあまあできた」みたいな感じなのです。周囲と自分の英語力の差を実感した瞬間でした。

入学してから知ったのですが、当時、この学部に入る人には良家の子女が少なくありませんでした。だから、外国暮らしの経験があったり、海外旅行に何度も行っていたり、小さなころからネイティブスピーカーに英語を習っていたりするのは、当たり前のことでした。

一方の私は、外国なんて一度も行ったことがありません。それどころか、それまでの19年間、九州から出たことだって一度か二度くらいしかなかったわけです。さらに、受験時まで私がやっていたリスニングの勉強法といえば、『スター・ウォーズ』のセリフの入ったＬＰレコードや、テレビでやっていた2カ国語放送を英語に切り替えて聞く程度のものでした。

リスニング用のちゃんとした教材なんて、そもそも家の近くの書店にはおいていませんでしたし、たとえおいてあっても、高くて買えなかったでしょう。

話せない・聞けないで、思い切り落ち込む

大学の二次試験には、さらに英語での面接がありました。もちろん、スピーキングなんてからきしダメです。

そこで、持ち前の九州人の度胸で一生懸命コミュニケーションを取ったわけです。〝I love English. OK? English is difficult. But I study very much, very very much English.〟といった感じです。

そうした前向きな姿勢とやる気が通じたのか、何とか二次試験を通過。晴れて入学へとこぎつけました。ちなみに、この面接試験を担当していただいたのが、ドナル・ドイル先生。入学後の担任の先生であり、その後何年間もお世話になり、私の結婚式の司祭までもつとめていただきました。

この二次試験は、後から聞いたところ、入学後のクラス分けテストでした。私の入った英語学科は、50、51、52A、52Bというクラスがあり、「50」は超帰国子女みたいな「ペラペラ級」、「51」が「ちょいペラ」、「52A」「52B」は英語が得意な良家の子女クラス、というレベル分けです。当然のことながら、私は52A。そのなかでも相当できない部類に入っていました。「52A」といえども、英語学科に入ってくる人

は曲がりなりにも英語が話せたのです。

私にとってものすごいカルチャーショックだったのは、思い切り日本人の顔をしている日本人が、日本語と英語を混ぜて話したり、ものが落ちたときなどに「ウップス」とか「オー・ボーイ」とかいうわけのわからない奇声を発したりすることでした。自己紹介でも、「九州から来たとですけど……」と言う私に対して、「僕の学校はカリフォールニーアでー」などというヤツらがたくさんいました。

授業もすべて英語です。もちろん、私には先生の言っていることがさっぱりわかりません。宿題を出されても「何をすればよいのか」からわかりません。

正直いってかなり落ち込みました。私はずっと英語が大好きだったのに、その英語から「おまえは用なし」と言われたような気がしました。ずっと片思いしていた女の子に、「年収1000万円の男でなければダメ」「身長175センチ以上ない男は問題外」と、ものすごい条件を提示されたような気分です。

TOEFLの教材でリスニングを鍛え、いざアメリカへ

大学に入学して、いきなり英語に門前払いを食らった私は、すっかりコンプレックスのかたまりになりました。

それから1年くらいは、大学での勉強はそっちのけで遊び倒しの日々。塾講師のバイトで小銭を稼いでは、六本木のディスコなどでパーッと使うという生活をずっと繰り返していました。でも、しばらくそのような生活をつづけるうちに、「このままではいけない」という思いにいたったわけです。

そして、気持ちを切り替えるためにアメリカ旅行を決意。大学2年の春ごろから旅行資金をためはじめました。旅行費用をためながら、同時に苦手だったリスニングの勉強もスタート。使ったのはＴＯＥＦＬのリスニングの教材です。

今でこそ教材類は１０００円程度で手に入りますが、その当時はかなり高額。テキストとテープをセットで購入すると６０００円くらいになりました。でも背に腹は代えられません。なけなしのお金を払って購入し、出発前の2カ月間、集中的に勉強をしました。担任のドイル先生のオフィスにも頻繁に通って、アドバイスをいただきました。

そのかいあって、ＴＯＥＦＬのリスニング問題の正答率は6～7割くらいにまでアップし、細かい音はまったく聞き取れないのですが、何となく話している内容がわかるまでになっていました。以前はまったく理解不能だったのですから、それなりに進歩はしたわけです。「これなら、アメリカでも大丈夫だろう」と、その年の夏、２

カ月半のアメリカ旅行に旅立ちました。

速さ、抑揚、表現がまったく予想外だった本場の英語

ところが、それはかなり甘いもくろみでした。本場の英語はまったく聞き取れないし、私の英語は本場では全然通じないのです。

到着地は、ロサンゼルス。着いた瞬間、私の頭のなかは真っ白になりました。空港の職員の英語やアナウンスを聞いても、言っていることがさっぱり聞き取れないのです。

本場で聞く英語は、TOEFLのテープで聞く英語とはまったく違っていました。速さとか抑揚とか使われる表現などがまったく異なるのです。〝wanna〟〝gonna〟〝fucking〟〝goddamn〟など、聞いたこともないような変な言葉がめじろ押しです。

旅行中の最初の1カ月は、予備校時代の恩師の紹介で、サンフランシスコに住む日系アメリカ人の林田さんのお宅にお世話になることになっていました。そのため、ロサンゼルスからサンフランシスコに移動しなければなりません。移動の手段は、アメリカでの貧乏旅行には欠かせない長距離バスのグレイハウンドバス。旅行前に日本であらかじめ一定期間乗り放題チケットを買ってありました。

ただし、空港からグレイハウンドバスの出発点に行くまでにはそこその距離があるため、市バスで移動しなければなりません。

アメリカに到着する前、私がロサンゼルスに抱いていたイメージは、明るくてフレンドリーな街。ところが、市バス乗り場へ向かう道はまったく違っていました。雰囲気が何とも怖いのです。人は全然いないし、乾いた犯罪のにおいがしていました。

バスには乗ったものの降りる場所がわからない

何とか市バス乗り場までたどり着いたのですが、今度は、どのバスに乗っていいのかわかりません。まわりにいるのは英語がどうも通じなさそうな外国の人ばかり。仕方がないので自力でそれっぽいバスを見つけて乗り込みました。

そのうえ、そのバスの運転手がまた怖いのです。ガイドブックには、「行くところがわからなかったら、バスの運転手さんに聞いてみましょう。きっとやさしく教えてくれるはずですよ」と書いてありました。ところがこの運転手は、運転しながら〝Fuck〟とか〝Shit〟とかブツブツ言っていて、ものすごく機嫌が悪かったのです。ずっとしかめ面で、乗客に当たり散らしたり、運転席のまわりのものをやたらめったらと殴りつづけたりしていました。

私はどこで降りればいいのかさっぱりわからなかったのですが、その運転手には怖くて尋ねる気にはなれません。結局、終点まで乗るハメになりました。

終点でバスを降り、仕方がないので、重いバッグを抱えたままそこからグレイハウンドバスの停車場まで歩くことにしました。

次々と遭遇する、コワイ人たち

そして、この道中も恐怖の連続です。そのあたりは、「サウスセントラル」といって、映画『ターミネーター』の舞台になっているような80年代後半には治安の悪かったところです。アメリカ人が聞いたら、顔をしかめて「そんなところに行ったの?」と言うようなところでした。

歩いているだけで、ジャンキーみたいなのが次々と絡んできます。たぶん、「金くれ」とか言っていたのでしょう。私は恐怖で、「絶対に無視!」を決め込み、まっすぐ前だけを向いて歩いていきました。

ようやくグレイハウンドバス停車場に着いたのですが、ここも最悪です。まず、売店でトラベラーズチェックを使おうとしたら、ものすごくイヤな顔をされました。また、誰に何を聞いても、言っていることがチンプンカンプンです。

そんなこんなで、ようやくグレイハウンドバスに乗り込み、バスに1泊して、サンフランシスコに住む日系の方のお宅にようやく到着。アメリカに入国して以来、驚きとショックの連続だったこともあり、日系人の林田さんにお会いしたときは本当にホッとしました。なにせ日本人の顔をして、ときには日本語を話してくれるのですから。

私の英語は、アメリカ育ちの犬にも通じなかった！

林田さんのお宅にはしばらくの間お世話になりましたが、日本で思い描いていたアメリカと実際のアメリカとのギャップにかなりの衝撃を受けた私は、到着してから2週間くらい、ずっと引きこもり状態になってしまいました。

ガイドブックを読むと、「積極的に出ていって話しかけると、アメリカ人はみんな積極的に話してくれるよ」と書いてありました。

しかし、アメリカ人がフレンドリーなのは、主に英語が話せる人に対してでした。英語も話せない外国人に対しては、かなり冷淡なことも少なくありません。「世界の超大国アメリカに来て、英語もできないでどうするんだ」みたいな雰囲気です。「言葉ができないと人間扱いされない」と感じることもときどきありました。

しかも、私がアメリカに旅行した80年代は、アメリカの景気が最悪な時期。さらに日本企業などの外国企業が次々とアメリカに進出し、アメリカ人の職場を奪っていました。だから外国人はあまり歓迎されません。「外国人は、もう来なくていいよ」という雰囲気が満ちあふれていました。

そんな現実に直面した私は、精神的にも不安定になり、すっかり対人、というよりアメリカ人恐怖症になってしまったのです。

林田さんのお宅にはクマとマヤという犬がいて、お世話になっている間、散歩に連れていったりエサをあげたりするのが私の仕事でした。けれど、この散歩も私にはちょっとした恐怖の時間だったのです。

散歩をしていると、向こうから犬を連れたアメリカ人がやってきます。このとき、犬同士がジャレ合おうものなら、飼い主同士も会話をしなければなりません。英語が話せない私にはその時間はかなりの苦痛。

なので、散歩をしていて向こうから犬を連れているアメリカ人が来ると、話しかけられたくない私は、「じゃあ、クマ、こっちに行こうか」と別の道に行くなどしていました。

さらに、私の英語は犬にさえも通じないのです。英語で「お手」は「シェイク」と言うのですが、私が「シェイク」と言っても、発音が悪いせいかクマはまったく反応しません。これも私のモチベーションを下げていきました。

ついにアメリカ横断の旅を決断する

でも、そんな引きこもり状態が2週間もつづくと、さすがに「これでは、いかん」と気づきます。

アメリカに行くために、週7日、塾講師と家庭教師をしてお金をためたのです。「そこまでして来たアメリカで、自分は何をしているのだろう」――。そう思い、当初の目的であったアメリカ横断の旅を実行に移すことにしました。

グレイハウンドバスで移動しながら、夜はユースホステルに宿泊してのアメリカ横断旅行。この旅が、私の「スピーキング力」アップの大きなきっかけとなりました。というのも、さまざまな経験から、英語を話すことへの羞恥心がすっかり解消されていったのです。

ユースホステルは1泊10ドルくらいで泊まれる宿のようなものです。そこにはアメリカ人はほとんど宿泊していません。中国人やドイツ人、フランス人といった外国人ばかりです。

宿泊者は大学生などの若者が中心のため、みんなとても仲よくなります。そのときの共通言語は英語。でも、アメリカに来て以来、すっかり自分の英語力に自信をなくしていた私は、旅をはじめたばかりのころは、なかなかまわりの人たちと会話をすることができません。ひたすら聞き役の日々でした。

ノンネイティブとの交流で、自分の「弱点」を発見する

日本では、おとなしくて無口な人が好かれることも多いですが、このように世界の人々が意見を交換し合う場では、黙っている人は「面白くない人」「頭が悪い人」と思われてしまいます。

私もそのように思われはじめたときのことです。私は、彼らの会話を聞きつづけているうちに、あることを発見しました。

彼らはペラペラと英語を話します。そのため、一見すると、彼らの英語のレベルは相当なものだと思ってしまいます。しかし、よくよく聞いてみると、文法も単語もかなりでたらめなのです。

文法や単語に関しては、私は彼らよりはるかに上のレベルにいると思えました。にも関わらず、私は彼らのようにペラペラと話せない。

「この違いはどこからくるのだろう」――。私は真剣に考えました。そして、ある答えを見つけました。それは、「まわりの目を気にするかどうか」ということ。この点で、私とほかの外国人とは大きく違っていたのです。

まわりの目が気になるのは、自分が他人の英語を論評するから

まわりの目を気にするのは、日本人の国民性といえるものかもしれません。「何か言われたらどうしよう」と気にするあまり、なかなか英語が口から出てこないのです。しかも、日本人の場合、「その表現は違うよ」など、お互いの英語を批評し合うという悪習もあります。そのせいでますます英語を話すことにしてしまうのです。

日本人は、英語初級者から上級者までみな、テレビで文化人や芸能人が少しでも英語をしゃべろうものなら、「その発音がどう」とか「文法がどう」とか、さかんに分析し、論評します。仲間同士でも「~ちゃんの発音うまくなったねー」とか「まだちょっと日本人っぽいよねー」といった会話をよくします。

英語をちょっとでもしゃべるとまわりの論評の餌食《えじき》になるという日本独特の風潮が、日本人のスピーキング力にブレーキをかけているのです。本当はすばらしい発音なのに、学校や予備校の教室ではわざと日本人っぽくカタカナ読みをする人が多いのも、

その心理のためです。

とくに私が在籍していた英語学科では、そのような論評が大変さかんでした。そのため、自分よりはるかに英語が上手な帰国子女がいる前では、比較されるのが怖くて、私はどうしても英語が口から出せなくなっていたのです。

ところが、ドイツ人や中国人などの外国人は、まわりの目を気にしません。それに、互いの英語を批評し合うようなこともしません。だから、間違っていようがメチャクチャだろうがまったく意に介せず、のびのびと英語を話すことができるのです。みな「どう話すか」ではなくて、「何を話すか」にしか興味がないのです。

そのことに気がついたとき、私のなかでブチッと何かが弾けました。

英語を話すことへの抵抗感がなくなり、「でたらめ英語でよか！」という気持ちになったのです。

文法や単語、発音などは相当ムチャクチャでしたが、私の口からどんどん英語が出てくるようになりました。

話せば話すほど、間違うことへの抵抗感がなくなった

不思議なもので、「書け」と言われれば書けるものでも、「話せ」と言われるとム

チャクチャになってしまいます。とくに「時制」や「一致」は完ぺきにはいきません。でたらめ英語をしゃべりはじめた当初、過去のことを話しているのにどうしても現在形がでてきたり、〝don't〟と〝doesn't〟や三単現の〝s〟がうまく使えなかったりで、困ったものでした。ただ、まわりの外国人たちもそれは同じでした。私が記憶するかぎり、三単現の〝s〟がまともにくっついている文を話している人はいなかったように思います。

さて、ひたすら聞き役に徹していた私が、堰《せき》を切ったようにペラペラとでたらめ英語を話しはじめたのです。まわりの外国人たちはとても驚いていました。そして気がつくと、友達がどんどん増えていきました。

ユースホステルによっては門限があったので、夜に〝多国籍軍〟で飲み歩いた後、みんなで窓から忍び込んだり、ドイツ人やフランス人と一緒にテリヤキステーキをつくったり、毎日朝から晩まで英語でしゃべっていました。そんなやりとりのなかで、文法や発音はともかく、「英語で話す」ことの楽しさを実感できるようになりました。

アメリカ大陸を無事に横断し、ニューヨークへたどり着いたとき、大学の同級生と会うことになりました。彼女は、ニューヨークに住む親せきの家に夏休みを利用して遊びに来ていました。

私は「図々しいかな」と思いつつ、ニューヨークでの高い宿泊費を節約するために、彼女の親せきの家のダイニングルームに泊めてもらいました。

このとき、アメリカ横断旅行で出会ったアラブ人がセントラルパーク近くのコンビニを経営していたことを思い出し、さっそく会いにいきました。

そのアラブ人とでたらめ英語で会話をする私を見てその友達は、「ものすごく話せるようになったじゃん」とかなりビックリした様子でした。それもそのはずです。大学の授業では、ほとんど英語が話せなかったわけですから。

「きちんとした英語」よりも、「伝わる英語」を目指せ

この旅行体験で私が強く感じたのは、「ネイティブスピーカーと話すだけが英語ではない」ということです。

日本にいるとき、私は英語を使う対象として、「ネイティブスピーカー」だけを想定していました。だからこそ、「きちんとした英語を話さなければならない」を絶対のルールのように感じていたのです。

ところが、ユースでの生活で、「英語でコミュニケーションを取るのは、ネイティ

ブスピーカーだけではない」ということを実感しました。

それはユースにかぎったことではありません。国連など国際的な機関にしても、使われているのは主に英語ですが、そのメンバーの多くは非英語圏の人々です。また、日本語の通じない海外の国へ行った場合、とりあえずの意思伝達の手段は英語になるでしょう。

お互いノンネイティブ同士なのですから、完ぺきでなくて当然です。そうした大前提のもとで、お互いの意思疎通ができればいいのです。

必要最低限のコミュニケーションが取れれば、最初は多少でたらめ英語だってかまいません。

もちろん、「ネイティブスピーカーに近づく努力を放棄してよい」というわけではありません。そうやって使いながら、少しずつ直していき、どんどんうまくなればよいのです。

「英語は使いながら直す」
「あきらめずに継続する」
「勇気を持って話す」

「体全体を使って、楽しみながら学ぶ」

そんな英語を学ぶコツを、私は経験から得ることができたのです。

おわりに

私が子どもだった30年ぐらい前のころから、「これからは使える英語が大事だ。学校で英語教育を重視しなくてはいけない」とマスコミでさかんにいわれていました。

ところが、昔も今も、中学、高校と英語の成績はつねにトップクラスで、難関の大学に合格できても、社会人になって、ビジネスの現場で英語での会話がまともにできない人はたくさんいます。6年も7年も英語を勉強してきて、しかも学校での成績も抜群だったにもかかわらず、英語が話せないのです。

これは何とも不思議な話です。本来は、学校での英語の成績のよさと、英語が実際の場面で使えるということは、同じベクトルでなければならないはずです。

ところが、私が英語講師を20年間やってきたなかで感じるのは、「学校の英語の成績」と「実際に英語が使える」というベクトルが別の方向を向いているのではないかということです。成績のよさがプライドというプレッシャーになり、英語を話すことへのブレーキとなっていることもあります。

今こそ悪循環を断たなければなりません。英語学習のバランスを正すのです。

この本のなかで紹介した方法をひとつでもふたつでもみなさんの日々の学習に取り入れていただき、「研究するだけの英語」から「使える英語」への脱皮を果たしていただければ幸いです。

この本では、私のさまざまな英語体験を述べてきましたが、言語の学習にはさまざまな人々や文化との出会いがあります。各人各様です。そのなかで一番大切なのは、みなさんが日々自分なりの工夫をつづけることです。

学生時代から、たくさんの英語の先生方に教えていただきました。

「いとう英語塾」の伊東先生、宗像高校時代の吉松先生、安藤先生、橋本先生。北九州予備校時代にお世話になった永野先生、高屋先生、田ぶき先生、馬淵先生、川村先生、上智大学時代の國弘《くにひろ》先生、キューレ先生、ミルワード先生、ドイル先生、吉田先生。そのほか、私を教えてくれたたくさんの英語の先生方。

私の英語勉強法はこれらの先生方のアドバイスをヒントにつくり出されました。これらの先生方に、あらためて深く感謝したいと思います。

数年前、ドイル先生が引退されるということで、上智大学の図書館で最終講義が行われました。

講義の後、先生のところにあいさつに行き、〝I want to be a teacher like you.〟と声をかけた私に、先生は〝Just be yourself.〟（自分らしくあれ）という言葉を返してくれました。

母国語ではないもうひとつの言語を学ぶということは、ただの勉強ではなく、自分の文化を見つめ直し、人間についての考察を深め、人生の幅を広げることにほかなりません。そこには、人それぞれさまざまな涙と笑いのストーリーが生まれます。

あなたの英語学習ストーリーはどんなものになるでしょうか？

きっと私が経験したのとはまた違う面白いストーリーがはじまります。

あなただけの激動のストーリーを、大いに楽しんでいただきたいと思います。

〝Just be yourself.〟

著者

本書は、２００７年12月に小社から刊行された『できる人の英語勉強法』に
大幅な加筆・修正を加え、改題・再編集したものです。

〔著者紹介〕

安河内　哲也（やすこうち　てつや）

東進ハイスクール、東進ビジネススクール講師。企業研修講師（TOEIC対策など英語）。（有）ティーシーシー取締役。言語文化舎代表。

高校時代はクラス44人中42番目という成績で、大学受験に失敗。しかし、浪人時代に短時間で成果をあげる“超効率的”な勉強法をあみだし、偏差値80台へと成績が急上昇。志望校（上智大学外国語学部・慶應義塾大学文学部）に合格する。以来、「勉強は“時間対効果”だ」をモットーに勉強法の研究を続ける。

現在は、成績不振に悩む受験生やTOEICを受験する社会人を、短期間で成績アップに導くカリスマ講師として活躍する。また、自身も多忙な毎日の合間をぬって、さまざまなジャンルの勉強を続け、TOEICテストLR+SW合計1390点（満点）、英検１級、通訳案内士国家試験、国連英検特A級、韓国語能力検定１級、１級小型船舶操縦士など、さまざまな資格を取得する。

著書の累計発行部数は350万部を超え、中国・韓国・タイなどでも多数出版されている。代表作は、28万部突破のベストセラーとなった『できる人の勉強法』や、英文ライトノベル『バレンタイン学園殺人日記』（以上、KADOKAWA中経出版）、『350万人が学んだ人気講師の勉強の手帳』（あさ出版）、『安河内の〈新〉英語をはじめからていねいに』（東進ブックス）、『ゼロからスタート英文法　CD付』（Jリサーチ出版）など。

完全保存版　できる人の英語勉強法　（検印省略）

2014年4月20日　第1刷発行

著　者　安河内　哲也（やすこうち　てつや）
発行者　川金　正法

発行所　株式会社KADOKAWA
〒102-8177　東京都千代田区富士見2-13-3
03-3238-8521（営業）
http://www.kadokawa.co.jp

編　集　中経出版
〒102-0071　東京都千代田区富士見1-8-19
03-3262-2124（編集）
http://www.chukei.co.jp

落丁・乱丁本はご面倒でも、下記KADOKAWA読者係にお送りください。

送料は小社負担でお取り替えいたします。

古書店で購入したものについては、お取り替えできません。

電話049-259-1100（9：00〜17：00／土日、祝日、年末年始を除く）

〒354-0041　埼玉県入間郡三芳町藤久保550-1

DTP／ニッタプリントサービス　印刷／新日本印刷　製本／本村製本

ISBN978-4-04-600219-8　C2082